JN244290

「マウント消費」の経済学

勝木健太
Katsuki Kenta

小学館新書

「マウント消費」の経済学

目次

はじめに

消費の価値は「モノ」から「コト」、そして「マウント」へと変化している…………13

第1章

第3章 ◉ マウンティングエクスペリエンス（ＭＸ）を活用することで、革新的なサービスを生み出すことに成功した国内事例

はじめに

消費の価値は「モノ」から「コト」、そして「マウント」へと進化している

「1億総マウント社会」をどう生きるか
〜ゆりかごから墓場までマウンティングは続いていく〜

SNSで頻繁に目にする「マウント」（マウンティング）という言葉。相手よりも優位に立っていることをさりげなく示す際に用いられる表現だ。「ニューヨーク出身だ」「著名人と知り合いだ」「タワーマンションに住んでいる」……こうした発言を誰もが一度は耳にしたことがあるだろう。

現代社会では、誰もが自分の価値を他者との比較によって確認しようとしている。その傾向は親子関係においても例外ではなく、子供が生まれた瞬間から親同士の「マウント合戦」はすでにスタートしている。たとえば、赤ん坊を連れて散歩に出かける際に何気なく使うベビーカーでさえ「どこのブランドのものか」が暗黙のうちに評価基準となる。「あのベビーカー、おしゃれだな」といった羨望《せんぼう》や「あんな高価なものを使っているなんて」といった嫉妬《しっと》が交錯し、親たちは無意識のうちに他者の視線を意識するようになる。日常の些細《ささい》な場面でさえ、こうした見えない競争が静かに繰り広げられている。

やがて子供が成長するにつれて、競い合いはさらに激化する。次のステージは「どの幼稚園に入れるか」という選択だ。「家から近いから」といった単純な理由で決められることは稀《まれ》で、教育方針やカリキュラム、さらには他の保護者の社会的地位などが判断材料となる。選んだ幼稚園の「価値」は、親同士の会話の中でそれとなく強調される。「うちは○○幼稚園に決まりました」という一言には、単なる情報共有ではなく、「特別な教育を選び取った自分たち」というメッセージが織り込まれている。

学齢期を迎えると、競争はより一層過熱する。どの小学校、中学校、高校に通わせるかという選択肢が広がる中で、親たちは「この学校は進学実績が抜群だ」「あの学校は英語教育に力を入れている」といった具合に、学校のブランド価値について熱心に語り合うようになる。こうして学校選びは教育方針の選択から、親自身の価値観やステータスを示すためのマウント合戦へと変貌《へんぼう》を遂げる。

そして「大学進学」という最終ステージでは、まさに熾烈《しれつ》を極める。「どの大学に合格したか」はその後の社会的ステータスに直結するとされ、親たちの期待とプレッシャーは頂点に達する。「○○大学に合格しました」「うちの子は有名私立に進学しました」といった情報は瞬く間に共有され、「どれだけ優秀に育て上げたか」という尺度があたかも親自身の評価基準であるかのように語られる。結果、合格した大学の偏差値やブランド価値が「親としての手腕」の証《あかし》としてしきりに強調されるのだ。

しかし、この競争はまだ終わらない。大学卒業後には、「どの企業に就職したのか」「どのポジションにいるのか」が新たな軸となる。「一流企業で働いているのか」「スタートアップで成功しているのか」「年収はどのくらいなのか」などが親たちの関心を集め、再び「自分の子育ての成果」として盛んに喧伝《けんでん》される。その背景には、「自分の教育は正しかった」「自分の家系は誇りが持てるものだ」といった暗黙の自己肯定が潜んでいることが少なくない。

人生のあらゆる段階において、マウントの種は尽きることがない。結婚すれば「どんな結婚式を挙げたか」「新居はどこか」「配偶者の肩書きや職業はどうか」といったマウント競争が幕を開ける。子供が生まれれば、「どの学校に通わせているか」「どのような子育て方針を持っているか」が話題の中心となり、定年後には「老後をどれだけアクティブに過ごしているか」「どれほど社会貢献をしているか」といった項目が次なるマウントの材料となる。こうして、人生のあらゆるステージにおいて「自分は他者とどう違うか」を示すための競い合いが続いていくのである。

ゆりかごから墓場まで、マウントは絶え間なく続いていく――誰もが心の奥底で「自分が他者よりも価値ある存在であることを実感したい」という欲求を抱えている。これに突き動かされ、ほとんどの人は他者との比較をやめることができず、絶え間ない競争の中で「自分だけの価値」を見出そうと必死になってもがき続ける。こうして私たちは知らず知らずのうちにその渦中へと飲み込まれていく。これこそが、「1億総マウント社会」の実態であり、私たちが直面する逃れようのない現実なのである。

ＳＮＳの普及によってますます加速する「マウント競争社会」
〜「マウント中毒」「マウント疲労」が新たな社会課題に〜

ＳＮＳの普及が、この「１億総マウント社会」をさらに加速させていることは誰もが感じていることだろう。

個人の情報発信のための手段として誕生したＳＮＳは、いつの間にか人々の生活の「キラキラした部分」を切り取って見せるための舞台へと変貌した。他者との比較を促すこのプラットフォームでは、「今日のランチはこんなオシャレなカフェ」「こんな特別な場所に旅行してきました」といった投稿がタイムラインを埋め尽くす。そのたびに私たちは無意識のうちに自身の生活を振り返り、「もっと充実した人生にしなければ」と焦燥感《しょうそうかん》に駆られる。そして気づけば、他者に負けじと自分も「特別な何か」を演出しようと奔走する。こうして終わりのないマウントの連鎖が生まれ、私たちはその渦中へと引き込まれていく。たとえば、誰かが豪華なディナーの写真をSNSに投稿すれば、それを見た他の誰かが「自分も負けていられない」とばかりに、さらにおしゃれなレストランでの食事の写真をアップする。また、誰かが「こんな場所でリフレッシュしてきました」と美しいリゾート地の写真を投稿すれば、それに応じるように、より洗練された旅行先の風景が投稿される。こうしてタイムラインは際限のないマウントの応酬で埋め尽くされ、ますます過熱していく。

この「マウント合戦」の背後には、現代社会特有の二つの新たな課題が潜んでいる。それが「マウント中毒」と「マウント疲労」である。

前者は、マウントを取ること自体が目的化してしまう状態のことを指す。「マウント中毒」に陥《おちい》った人々は、他者との比較を通じて優越感を得ることに強い快感を覚えるようになる。そのため、日々マウントの材料を求め、達成した成果をSNSでシェアしては、周囲の反応に過剰に気を使うようになる。彼ら／彼女らにとって大切なことは、内面的な充足感ではなく、「他者からどう見られるか」という外部評価だ。称賛や「いいね」がなければ自己価値を実感できず、やがてフォロワー数やリアクションに一喜一憂《いっきいちゆう》するだけの日々に陥っていく。自己表現は次第に純粋な創造から離れ、ただの競い合いのための道具と化していく。

一方で、後者は、他者のマウント投稿を閲覧し続けることによって引き起こされる精神的な消耗のことを指す。タイムラインを眺めるたびに、誰かの成功や輝かしい生活が目に飛び込んできて、そのたびに「どうして自分だけこんなに冴《さ》えないんだろう」と自己嫌悪に陥る。そして、「自分は何も成し遂げていない」という無力感に打ちひしがれる。「〇〇はこんなにも充実した人生を送っているのに、自分は一体何をしているのか」と、果てしない比較の連鎖の中で自信を失い、心が次第にすり減っていく。これこそが「マウント疲労」の本質である。

このようにして「マウント中毒」と「マウント疲労」の二重苦に陥った私たちは、精神的なバランスを容易に崩してしまう。マウント競争の中では、一時的な優越感を手に入れる勝者が存在する一方で、その陰では深い劣等感に苛《さいな》まれる敗者が多数存在する。しかし、そこには「絶対的な勝者」は存在しない。なぜなら、どれほど優位に立ったとしても、常にさらなる上位の誰かが現れ、その存在が自己の優位性を脅《おびや》かすからだ。こうして果てしない比較と競争を続けるうちに、心はすり減り、やがて自分の人生そのものへの満足感さえも見失ってしまう。

テクノロジーが進化しても、人間が抱える根源的な欲求は変わらない
〜むしろ、他者との比較に基づく「マウント欲求」にますます囚われ、抜け出せなくなってしまう〜

テクノロジーの進化は、私たちの生活に劇的な変化をもたらした。インターネットの登場、ＳＮＳの普及、そしてＡＩの発展――これらの技術革新が次々と現れるたびに、生活の利便性は飛躍的に向上し、情報は瞬時に手に入り、世界はこれまで以上に密接につなが

るようになった。しかし、どれほど技術が発展しても、人間の根源的な欲求は驚くほど変わらない。「マウント欲求」もその中の一つである。そしてこの欲求は、テクノロジーによって増幅されたということだけにとどまらない。むしろ、テクノロジーがその形をより一層複雑化させ、私たちをその渦から抜け出せなくしている。技術の進化こそが、この「マウントの罠」を生み出し、私たちを搦《から》め捕る最大の元凶となっていると言っても過言ではないだろう。

かつて、自分と他人を対比する機会はごく限られていた。職場の同僚や近所の友人、親戚との何気ない会話の中で、「あの人が新車を買ったらしい」「家をリフォームしたそうだ」といった噂話を耳にし、「自分も負けていられない」と奮起することはあっただろう。しかし、その対象は多くの場合、身近なコミュニティの範囲内に収まっていた。ところが、現在ではSNSを開くだけで、世界中の誰とでも容易に自分を比べられるようになった。タイムラインに溢《あふ》れる他人の投稿はどれもきらびやかで、魅力的に映る。「こんな素敵な場所に旅行してきました」「こんな美味しい料理を楽しみました」「こんな特別な人と過ごしています」――こういった投稿を目にするたびに、私たちは言葉にしがたい焦燥感に駆られずにはいられなくなる。

この状況が生まれた最大の要因は、テクノロジーが「他者との比較」を極限まで容易にしたことにある。

かつては遠い存在でしかなかったセレブやインフルエンサーたちの華やかな生活が、SNSを通じてまるで隣人のように身近なものとなった。彼ら／彼女らが披露《ひろう》する豪華なライフスタイルや特別な体験を目にするたびに、「羨《うらや》ましい」と思うだけでは済まず、「自分も何かしなければ」という強烈な焦燥感に駆られる。その結果、私たちは知らず知らずのうちに「見えない競争」へと巻き込まれ、「他者よりも上に立ちたい」「優れていると思われたい」「見下されたくない」という欲求に支配されるようになっていくのだ。

さらに、この「マウント欲求」を巧みに刺激する仕掛けとして、SNSのアルゴリズムが高度に働いている点も見逃せない。

私たちのスクリーンに映し出されるのは、SNS上で注目を集めたコンテンツばかりであり、それらは基本的に「羨望を誘うような輝かしい生活」の断片であることが多い。アルゴリズムは巧妙に「こんな生活を送っている人がいるが、あなたはどうなのか？」という無言のメッセージを繰り返し送り続けてくる。結果として、私たちの価値観はいつしか「他者からどう見られるか」を軸に形成され、自身の行動が「他人に見せるに値するものかどうか」を基準に選び取るようになってしまうのだ。

そもそも人間は進化の過程で、他者と比べることを通じて群れの中での立ち位置を把握し、自らの安全性を確保してきた。「自分はどれほど強いのか」「どの程度認められているのか」を知ることは、生存のために極めて重要な行動だったのだ。しかし、現代のテクノロジーはこの本能を過剰に刺激し、際限のないマウント競争の渦へと私たちを引きずり込んでいる。結果、私たちは操られるまま、終わりの見えない比較の連鎖に囚《とら》われてしまっているように思える。

さらに、比較の対象は物質的な所有を超え、生活のあらゆる側面に広がっている。「どんな場所に旅行したか」「どのような特別な体験をしたか」から、「どれほど個性的な生き方をしているか」「どのような価値観を持っているか」に至るまで、どんな些細《ささい》なことでもだ。

たとえば、「今日は○○に行ってきた」「オーガニックな朝食を楽しみました」といった投稿は一見すると自然な報告に見える。しかし、その裏には「こんなにも充実した生活を送っている自分」という優越感をほのめかす意図が含まれており、文脈次第では巧妙なマウントにもなり得る。こうした投稿が、ＳＮＳの特性を通じて比較と競争をさらに煽《あお》るのである。

「他者よりも優れていたい」という欲求は、一度芽生えると際限なく膨れ上がる。「もっと特別な体験をしなければならない」「さらに自分を高めなければならない」といったプレッシャーが次々と新たなマウント欲求を引き起こす。結果として、私たちはテクノロジーによって絶え間ないマウント合戦を強いられ、自らを追い込む終わりなきレースに半ば強制的に参加させられている。このレースにはゴールは存在せず、ただ疲弊していくだけの無慈悲な構造が隠されている。

需要が飽和しつつある先進国の経済において「マウント需要」の増加はある種の「皮肉な福音」である

～モノ、コトの時代から「マウント消費」の時代へ～

その一方で、経済成長の観点から見れば、モノやコトの需要が飽和《ほうわ》しつつある我が国の経済において「マウント需要」が増加していることは、ある種の「皮肉な福音」とも言えるのかもしれない。

かつて、物質的な豊かさを追い求める「モノ消費」が経済を支えていた時代において、人々は新しい家電や車を購入し、より広い家を手に入れることを目指して消費を繰り返していた。しかし、その需要はすでに満たされ、完全に行き渡ってしまった。冷蔵庫やテレビ、クローゼットいっぱいの洋服――それらをこれ以上増やしたところで、大きな生活の変化を感じる人はほとんどいないだろう。このように、生活に必要なモノが行き渡った先進国の消費者にとって「さらに買い足すこと」はもはや満足感をもたらす行為ではなくなりつつある。

そこで登場したのが「コト消費」である。モノではなく、体験そのものを求める消費行動——高級ホテルでの滞在や特別な料理を堪能するディナー、ラグジュアリーな旅行プラン——こうした〝コト〟を消費することで、物質的な所有ではなく、人生の豊かさや充実感を追求する動きが加速した。この流れは、モノの所有の先を行った「体験の時代」を象徴するものであり、従来の消費概念を大きく転換させるものであった。

だが、SNSが普及したことによって、この「コト消費」ですらも他者に見せつけることで自分を際立たせるための「マウント消費」へと変貌を遂げつつある。

つまり、消費の価値が「モノ↓コト↓マウント」へと移り変わってきているのである。単に高級レストランでディナーを楽しむだけでなく、その体験をSNSでシェアすることで、「これだけ素敵な体験をしている自分」をさりげなくアピールする。あるいはブランド品を所有すること自体ではなく、そのブランド品を持つことで「自分は他者とは違う」

と感じられる優越感に対して価値を見出す。目的が自己満足から他者との差別化へとシフトし、「モノ」や「コト」の次なるステップである「マウント消費」という行動が生まれつつあるのである。

これは、資本主義経済における新たな潮流と言える。物質的な満足度が飽和状態に達した社会では、体験やその「見せ方」に重点が置かれ、人はそれに対して積極的にお金を払うようになる。

たとえば、高級ホテルに泊まる行為自体は「快適な滞在」を得るためのものだが、それだけでは満足できない消費者が増えている。彼ら／彼女らが真に求めているのは、そのホテルでの体験を「どれだけ特別なものとして他者に伝えられるか」「この体験をシェアすることで、どれだけ自分の価値を高められるか」という点にある。上質なサービスを享受《きょうじゅ》するだけではなく、「このホテルを選んだ自分のセンス」や「その体験を知っている自分という特別感」が重要な要素となっている。こうして消費行動は自己満足からステップアップし、「自分の価値を示すための手段」へと変化しつつあるのだ。

「マウント消費」の広がりは、企業にとっても極めて重要な示唆を含んでいる。従来の機能やデザインだけでは、もはや現代の消費者の深層心理を捉えることはできない。求められるのは、「その商品を所有することで、どのように自己を演出できるか」「それを所有することで、他者とどう差別化できるか」といったマウント起点の付加価値を提供することである。

たとえば、単に高機能なスマートフォンを売るのではなく、「これを所有することで、どれほど先進的で洗練されたライフスタイルを体現できるのか」といったストーリーとともに訴えかけることで、消費者の「マウント欲求」を満たしていく。それこそが、現代の消費行動を捉える上で必要不可欠な視点と言えるだろう。

もちろん、「マウント消費」には危うい側面も存在する。他者との比較に過度に囚われてしまうと、消費が「他者に見せるためだけの行動」に陥り、社会全体が大幅に疲弊する恐れがある。この状況が深刻化した場合、適切に規制するための法整備や倫理的な指針の整備が必要となるかもしれない。

しかし、社会全体で節度を保ちながらその欲求を健全な形で満たすことができれば、間違いなく消費者に対して新たな価値を提供することにつながる。「自己表現の手段」として機能する「マウント消費」は、自分自身の存在価値を再確認させ、個性を際立たせるための極めて有効な手段と言える。適切に活用されれば、それは社会に対してこれまでにない活力をもたらす可能性を秘めていると言えるのだ。

現代社会は、モノが飽和し、「コト消費」すらも当たり前になりつつある。物質的な豊かさを追い求める時代はすでに終焉を迎えつつあり、今や「誰も持っていない」「誰も体験していない」という唯一無二の価値が消費行動の新たな基準として台頭してきている。このような転換の中で、経済は次なるステージへと進化していく。その過程において、「マウント消費」は従来の消費行動を革新し、これまでにない可能性を引き出す画期的なコンセプトとして、ますます注目を集めていくだろう。

社会の変化によって生まれた「マウント欲求」に焦点を当て、「マウンティングエクスペリエンス（MX）」を巧みに設計することで、「マウント消費」を拡大する

ここで鍵となるのが、「マウンティングエクスペリエンス（MX）」という私が提唱する新たな概念である。これは特別な体験を提供するだけにとどまらず、それを通じて消費者が他者に対する優越感を実感できるように設計された体験のことを指す。言い換えれば、「自分は特別な存在である」と深く感じられる物語性や価値を織り込んだシナリオや演出を緻密《ちみつ》に構築することである。

たとえば、高級ホテル業界では、豪華な部屋や優れたサービスを提供するだけではもはや十分とは言えない。ラグジュアリーな内装やホスピタリティは基本条件に過ぎず、それ

を「他者よりも一歩先を行く体験」へと昇華させるための工夫が求められている。ゲスト限定のラウンジでの特別なワインテイスティングや秘境のようなプライベートスポットでの特別イベントなどは、宿泊客を喜ばせるためだけの演出ではない。これらは、ＳＮＳでシェアされることで「こんな特別な体験をしたのは私だけ」という優越感を感じさせるための仕掛けとして機能し、ゲストにとって忘れられない独自の価値を創出しているのである。

ＭＸの可能性は、デジタル空間においても急速に拡大している。オンラインやデジタルアート、さらにはメタバース内での限定イベントなど、物理的な制約を克服し、これまで存在しなかった形の体験が次々と登場する中で、それらを「他者との差別化を実感できる特別な体験」へと仕立て上げることの重要性が高まっている。このようなデジタル領域は現代の経済社会における新たなフロンティアであり、企業が次世代の競争力を構築するために注力すべき重要な領域と言える。

重要なのは、その体験が消費者によって他者にシェアされた際に「どのように見られるか」という視点まで考慮した上で設計されていることである。自らの価値を実感できるように、体験の各要素をMX起点で緻密にデザインする必要がある。その結果、消費行動は単純な取引という行為から、消費者自身が「自分は特別な存在だ」と感じられる自己表現の場へと進化を遂げるのだ。これからの企業には、消費者に対してMXを演出するための舞台を提供し、その舞台の上で自分らしく輝き、充実感を味わえるような体験を意識的にデザインすることが求められるようになるだろう。

このように、MXを活用して「マウント消費」を促進することは、人々に対して新たな価値を提供するための極めて有効な手段となる可能性がある。「自分は価値ある存在だ」と感じたいという欲求は、テクノロジーがどれほど進化しようとも消え去ることのない人間に備わった根源的な本能である。

だからこそ、企業はそれに寄り添い、満たすための体験を丹念に設計する必要がある。そして、「自分の価値を強く実感できる瞬間」を提供することで、これまでにない消費の形を開拓する旗手となるべきなのだ。それこそが、これからの企業が目指すべき使命であり、未来を切り拓くための原動力となるだろう。

人口減少社会における経済成長の鍵は「マウント消費」の活性化にある

～日本は「マウント先進国」として世界をリードできる～

人口減少が加速度的に進む日本にとって、「経済成長をどのようにして維持するか」という問いは避けて通れない課題である。

従来の経済理論では、「効率化」や「生産性向上」といった解答が一般的に挙げられるが、これらは抽象的で、実感を伴う具体的な解決策としての説得力にやや欠けている。そのような状況下で、これからの成長戦略を考える上で注目すべき新概念が「マウント消費」なのだ。

人口減少という厳しい局面においても、日本は消費文化の進化において先駆者であり続けてきた。戦後の高度経済成長期には物質的な豊かさを追求する「モノ消費」、バブル崩壊後には体験価値を求める「コト消費」、そしてSNSの普及とともに「マウント消費」が次なる潮流として台頭しつつある。

この進化のプロセスを振り返ると、日本の消費文化は他国に先駆けたトレンドを形成し、進化させてきたとも捉えられる。特に「マウント消費」に関しては、ブランド品のステータス性や体験を通じた自己表現が深く根付いており、この特性を効果的に活用することで、日本は世界に冠たる「マウント先進国」として今までにない経済モデルを世界に対して提示することができる。

日本が「マウント消費」を育みやすい背景には、地理的および文化的な要因がある。島国としての地理的閉鎖性や文化的同質性が外部からの影響を受けにくい環境を形成し、独自の価値基準を育んできた。日本人特有の「人と同じであること」を重視しつつも、「他者と僅かに異なる自分」を表現したいという矛盾する欲求が「さりげないマウント」という繊細で独特な消費行動を生み出している。これこそが、日本ならではの「マウント消費文化」の形成を支える重要な基盤となっているのだ。

たとえば、ブランド品の選択において、日本人は好みであるということ以上に微細な差異に価値を見出す。同じブランドであっても、色やデザインの僅かな違いにまでこだわり、それが「高級品を持つだけでなく、自分のセンスを反映させている」という自己表現を可能にしている。「モノ消費」から「コト消費」への進化が進む中、こうした「微妙な差異」の追求はさらに洗練されている。加えて、インスタグラムやTikTokといったSNSの普及がこの傾向を加速させている。現代では、高価なモノそのものよりも「どのようなストーリーがその背景にあるのか」「他者との差異をどのように際立たせているのか」が特に重視されるようになっており、消費行動の新たな価値基準となりつつあるのである。

このような「さりげないマウント」を可能にする洗練された消費文化は、欧米にはない日本独自の価値と言えるだろう。日本が「マウント先進国」として世界に発信すべきは欧米的な露骨な見せびらかしではなく、こうした「さりげなさ」を重視しつつも自らのセンスや価値観を巧みにアピールするスタイルである。これは日本特有の美意識と深く結びつき、他国の消費文化とは一線を画す独自性を際立たせている。

少子高齢化による国内市場の縮小は避けられない現実である。しかし、日本独自の価値基準である「マウント消費」を世界に輸出することで、新たな経済成長モデルを提示できるポテンシャルは十分にある。「マウント消費」は、体験や物語、さらにその演出方法に重点を置いており、次世代の経済を動かすエンジンとなり得る。日本が「マウント先進国」として、他国に先駆けた消費体験を提案し、世界の消費行動をリードする未来は、もはや夢物語ではない。それは日本経済の次なる飛躍を支える確かな基盤となるのである（文中一部敬称略）。

第1章

「マウント消費」の活性化を通じて、「低成長の時代」を乗り越える

「モノの所有」がすでに飽和し、「コト消費」すらも日常化した現代社会において、消費者が次に求めるのは「他者との差異」を際立たせるための消費、すなわち「マウント消費」である。この新たな形態は成熟しきった日本経済に独自のエネルギーを吹き込み、停滞しがちな消費行動を活性化させる原動力となる可能性を秘めている。ここで重要なのは、「マウント消費」がどのようなプロセスで経済成長の起爆剤として機能するのかという点である。本章ではそのメカニズムを解き明かし、「低成長の時代」を乗り越えるための具体的な解決策を提案していく。

我が国における個人消費を持続可能な形で拡大し、長期的な経済成長を実現するには、「マウント消費」の拡大が必要不可欠である

2023年における個人消費は、日本経済の屋台骨そのものである。GDPの約55%を占める個人消費は、その行動が冷え込めば、企業の売上や雇用に深刻な影響を及ぼし、結果として経済全体が停滞することは避けられない。それゆえ、個人消費の活性化は日本経済の持続的な成長を実現する上で必要不可欠な要素の一つと考えられる。

しかし、少子高齢化とそれに伴う人口減少が進行する中で、かつてない困難に直面している。政府や日銀は量的緩和や財政出動といった景気刺激策を講じてきたものの、目覚ましい成果を上げるには至っていない。低金利政策や補助金の支給も、その効果は一時的なものであり、根本的な課題を解決するには至っていないのが実情だ。こうした状況を踏まえると、従来型の小手先の対策では日本経済を立て直すことは難しく、多くの人がその現実をまざまざと痛感しているのではないだろうか。

では、こうした行き詰まりを打破し、個人消費をその先のステージへと引き上げるためにはどうすればよいのだろうか。その答えとして注目すべきなのが「マウント消費」である。

改めて「マウント消費」とは、単にモノやサービスを購入する行為にとどまらず、それを通じて「他者よりも優れている」と感じられる優越感を手に入れるための消費行動のことを指す。この新たな消費スタイルは、従来の消費行動を超越した、個人の自己表現や他者との差別化を促す滞在能力を持っている。

特にSNSが日常生活に深く浸透している現代社会においては、消費は物質的な満足を得ることよりも「自己表現のための手段」としての役割を担うようになってきている。高級レストランでのディナー、有名ブランドの時計、個性的な趣味やライフスタイル――これらの消費行動を通じて人々は自分と他者との差異を際立たせ、「これが私の価値だ」と盛んにアピールしようとする。その背後には「他者よりも優れた自分を演出したい」という深層心理的な欲求が潜んでいる。これこそが現代における消費行動を駆り立てる隠れた原動力となっている。

この「マウント消費」を効果的に活用することができれば、日本経済にこれまでにない活力を吹き込む起爆剤にもなり得るだろう。現代の消費者が真に求めているのは、純粋な商品の所有ではなく「自分は特別な存在だ」と実感できる体験である。その体験が自己表現の一部として意味を持ち、他者との差異を際立たせる要素を備えることで、「マウント消費」はより本質的な価値を帯びるのだ。

流行りの「バズワード」に振り回されるのではなく、人間の行動の裏に潜む「マウント欲求」に目を向け、新たな「マウンティングエクスペリエンス（MX）」を創り出す

新商品やサービスを企画する際に、流行りのバズワードを取り入れることは賢明な戦略に思える。確かにトレンドに乗ることで、一時的に消費者の注目を集めることはできるのかもしれない。しかし、表面的な流行を追いかけるだけでは、人々の心理に深く響く共感を得ることは難しい。トレンドはあくまで一過性のものであり、消費者の内面に潜む本質的な欲望に触れない限り、持続的な支持や愛着を引き出すことは基本的に不可能である。

人間の行動を根底で規定しているのは、「他者と比較して自分の価値を確認したい」「自

分の優位性を実感したい」「見下されたくない」という欲求だ。これがいわゆる「マウント欲求」と呼ばれるものであり、私たちの行動に見えない形で大きな影響を及ぼしている。新商品やサービスを創出する際に真に重要なのは、流行りのキーワードに便乗することではなく、この欲求を的確に捉え、消費者が「自分は他者とは違う特別な存在である」と自然に実感できるような体験を丁寧にデザインすることである。

たとえば、SNS上で見られる「映え」や「いいね」を求める行動は、「美しいものを共有したい」という表面的な欲求にとどまらない。その背後には「自分が周囲よりも優れた体験をしていることを誇示したい」という潜在的な感情が見え隠れしている。豪華なリゾート地への旅行、ハイブランドのファッション、高級レストランでの一皿——これらの投稿はすべて「これだけの体験を手にしている自分は特別な存在だ」という無言のメッセージを発信しているのである。

言い換えれば、「自分の価値を証明することができる体験」が現代の消費行動の中心的な原動力となっている。そして、その体験をどのような形で設計できるかが消費者の行動を大きく左右する決定的な要素となる。この「マウンティングエクスペリエンス（MX）」

をデザインする際に最も重要なのは、こういった消費者心理にどれだけ的確かつ深いレベルで応えられるかという点に尽きるのである。

日常生活にＳＮＳが深く浸透し、消費行動が自己表現や他者との差別化と密接に結びついている現代社会において、企業は流行を追いかけるのではなく、「自分らしさ」を実感できる体験を提供することに全力を注ぐべきである。現代の消費者は、「顧客」であると同時に「自己表現者」としての顔を持つ。彼ら／彼女らの自己表現欲求を満たし、それを通じて自らの価値を確信できる場を創出することが、サービスやブランドが長く愛され続けるために肝要なのである。

銀座の会員制クラブは中高年男性の「威張りたい」という「マウント欲求」をマネタイズすることに成功している

～「利便性」を超えた「マウント体験」を与えよ～

銀座の会員制クラブは、接待や飲食の場としてだけでなく、中高年男性たちの「特別な存在でありたい」という「マウント欲求」を満たすための緻密に設計された舞台である。この空間において、高額な会員費やボトル代は「自分は上位のステータスを持つ特別な存在だ」という自己演出の手段として、極めて重要な役割を果たしている。

クラブの扉を開け、「一見さんお断り」という希少性に包まれた空間へ足を踏み入れる瞬間から特別な体験が幕を開ける。眩《まばゆ》いシャンデリアが照らす豪奢《ごうしゃ》な店内、ホステスの温かな笑顔、「お待ちしておりました」と迎えられる特別な席。その一連の流れは、顧客に「自分はこの場にふさわしい人間だ」と力強く認識させ、同時に社会的ステータスを再確認させる巧妙な仕掛けとして機能する。この空間で過ごす時間は、高級な酒を楽しむためだけのものではない。「特別な自分」であることを実感し、その存在をさりげなく周囲に対して示す体験こそがこうした会員制クラブの真髄であり、何ものにも代えがたい魅力なのである。

この体験を支えているのは、綿密に練り上げられた空間演出と接客の妙である。たとえば、ホステスが「先日のビジネスの件、うまくいかれたようですね」と語りかける一言。それは世間話というより、「あなたは特別な存在ですよ」と暗に伝えるための気の利いた演出だ。このさりげない会話は、顧客が自身の存在意義やステータスを再確認するための重要な儀式であり、ホスピタリティを得ると同時に「自己肯定の場」としての役割を完璧に果たしている。

特に洗練された会員制クラブでは、それとなく「特別感」を演出するための機会が巧妙に設計されている。著名な常連客や有名人との自然な接点が用意されていることがその好例だ。隣の席に座る名うての経営者や芸能人が「お久しぶりです」と声をかけてくるだけで、顧客は「特別な人脈を持つ自分」を実感し、誇りに満ちた気分になる。こうした瞬間は、クラブ側が提供する「見えない演出」の極致《きょくち》であり、計算し尽くされた仕掛けが特別感を生み出すための隠れた原動力となっている。

さらに、この空間で扱われるボトルや希少なワインには単なる酒以上の意味が込められている。ラベル付きで丁寧に保管されるボトルは、「次回もこの特別な一杯を楽しんでいただきたい」というクラブからのメッセージとして機能する。この一言によって、顧客は「特別扱いされている自分」を実感し、消費行動を「自分を演出するための価値ある投資」へと引き上げる。こうした細部への配慮が満足感を最大限に高め、この空間を他にはない特別なものにしている。

これらのすべてを支える基盤が「一見さんお断り」という希少性である。限られた者だけが足を踏み入れることを許された空間であることが、このクラブの価値をより一層際立たせている。「選ばれた者だけが訪れる特別な場所」というプレミアム感は顧客のステータス欲求を刺激し、他では得られない満足感を引き出している。この空間では「選ばれた者である」という事実が大きな意味を持ち、顧客にとって一種の自己肯定感を高めるための象徴的な体験となっているのである。

銀座の会員制クラブは、「特別な自分」を実感し、さりげなく周囲にアピールするために巧妙に設計された舞台である。ここでは、時間、空間、すべての演出が絶妙に調和し、顧客の「特別感」を最大限に引き出すように作られている。この洗練された体験こそが、顧客に他では得られない唯一無二の価値を提供しているのである。

令和のマウントはさりげなさが9割
～直接的な自慢を避けつつ、自分の価値を相手に自然と感じさせる～

一方で、「マウント」のスタイルは時代の流れとともに大きく変化し、社会の空気を反映する鏡のような役割を果たしている。かつて主流だった「あの人より自分の方がすごい」

「自分にはこんなことができる」といった露骨な自慢は、もはや時代遅れとなりつつある。SNSが日常生活に深く浸透した現代では、あからさまな優越感のアピールはむしろ反感を招きやすく、場合によっては炎上のリスクが伴う。しかし、「他者と比較して自分の価値を確かめたい」という人間の根源的な欲求が消え去ることは決してない。それどころか、この欲求は時代の洗練を受けた結果、より巧妙かつスタイリッシュな形で表現されるようになっている。これこそが令和の時代における「さりげなく自分を際立たせる」という新たなマウントのあり方なのである。

その極意は、直接的な自慢を避けながらも相手に対して自身の価値を自然に感じさせる点にある。たとえば、高級レストランでのディナーを投稿する際には「子供がどうしても食べたいと言うので仕方なく」といったコメントを添える。この「子供」という要素は巧妙なカモフラージュとして機能する。一見すると家族思いで謙虚な姿勢に見えるが、その背後には、経済力や洗練されたライフスタイルをそれとなく見せつける意図が潜んでいる。写真を目にした人々は、無意識のうちに漂《ただよ》う特別感を感じ取り、投稿者のセンスやステータスを自然に認識する。この絶妙なバランス感覚こそが、さりげないマウントの真髄なのである。

旅行の投稿も同様である。「家族でリフレッシュできました」という控《ひか》えめな一言とともに、高級リゾートのプールや青い海を背景にした写真が添えられる。この投稿には「私の生活は充実している」とは一言も書かれていないが、それでも写真そのものがそのメッセージを雄弁に物語っている。このような事例は一見すると自然体を装いながらも、実際には緻密に計算された「自己表現のアート」とも言える産物だ。巧みに織り込まれた謙虚さと洗練された演出によって特別感が静かに伝わり、投稿者のライフスタイルやセンスを際立たせる。この絶妙な手法こそが、現代における洗練された自己表現の形態なのである。

この新時代のマウントスタイルの背景には、「自慢したいけれど嫌われたくない」という現代人の矛盾した心理がある。露骨なマウントが敬遠される一方で、さりげないマウントはそのリスクを回避しつつ、謙虚さと自己顕示を絶妙に両立させる手法として機能している。この高度なスキルは、「マウントＩＱ」とでも呼ぶべき現代的な社会知性の一つとして捉えられる。見る人に不快感を与えず、上品に自分の価値をアピールするこの技術は、情報が溢れる現代社会において、ますます大切な要素となっている。

ＳＮＳの成功例と失敗例は、「さりげなさ」の重要性を如実に示している。かつて一世を風靡《ふうび》した音声ＳＮＳの「Ｃｌｕｂｈｏｕｓｅ」は、「特別な空間」を過剰に演出しすぎたせいで、「自分は特別だ」と強調する態度が反感を招き、急速に失速した。

一方で、フランス発のＳＮＳの「ＢｅＲｅａｌ」は自然体を追求しすぎた結果、特別感に欠け、広範な支持を得るには至っていない。これらの事例は、露骨さと平凡さの間にある絶妙なバランスこそが、令和時代のマウント成功の分水嶺《ぶんすいれい》であることを示している。

近年、さりげないマウントの手法はさらに高度化している。「自虐マウント」では、「仕事が忙しくて疲れた。でも、この景色には癒される」と疲労感を装いながらも高級スパや絶景を上手い具合にアピールする。「感謝マウント」では「家族が素敵なディナーを準備してくれました。本当に感謝」と謙虚さを見せつつ、高級レストランの洗練されたテーブルセッティングをそれとなく映し出す。そして「困ったマウント」では、「急な誘いでこんなところに来てしまいました」と困惑を装いながらも、高級ホテルのスイートルームを何気なく披露する。このような手法は、直接的な自慢を避けつつも特別感を巧みに伝える、極めて洗練された自己表現の技術と言える。

さりげないマウントは、「匂わせ」の究極形とも言える。優越感を背後に隠しながらも確実に伝え、背景に「子供」「趣味」「偶然」といったストーリー性をちりばめることで、スマートで控えめな印象を演出するのだ。この「さりげなさ」が現代のＳＮＳにおいて、多くの共感を引き出すための秘訣である。

露骨さが目立った「Ｃｌｕｂｈｏｕｓｅ」も、平凡さに終始した「ＢｅＲｅａｌ」も時代の波に飲まれた今、何気なく特別感を演出するための技術がこれからは求められる。このスキルを身につけた者こそが、令和のマウントゲームを制し、ＳＮＳという舞台で輝きを放つ真の勝者となるのである。

これからの時代に求められるのは、「ＩＴエンジニア」ではなく「ＭＸデザイナー」である

～増え続ける「マウント需要」に対して、それを満たす体験を創り出すプレイヤーが圧倒的に不足している～

現代の消費者が真に求めているのは、モノやサービスを通して得られる「さりげない優越感」である。どれほど優れた機能やデザインを備えた商品やサービスであっても、そこに他者との差異や特別感が伴わなければ、深い共感を呼ぶことは難しい。こうした人間心理の深層に根差す「マウント欲求」を満たす体験こそが、次世代のビジネスパーソンが追求すべき本質的な価値であり、それを具現化する使命を担うのが「ＭＸデザイナー」という新たな職種である。

ＳＮＳに投稿される「映え」や「いいね」が象徴するように、現代の消費行動は「自己

証明の手段」としての色彩をますます強めている。例を挙げると高級リゾートでの滞在や限定アイテムの購入、洗練された飲食体験において消費者が重視しているのは、それ自体の実質的な価値ではなく、「これを見せることによって自分の価値を高められるか」という点に集約される。言い換えれば、彼ら／彼女らが求めているのは「他者よりも優れている」と実感できる差別化された唯一無二の体験なのである。

MXデザイナーの使命は、消費者が「自己証明の機会」を実感できる体験を巧みにデザインし、演出することである。たとえば、選ばれた顧客だけが利用できる希少性の高い会員制ラウンジや特定の条件を満たした顧客にのみ提供されるサービス――これらの仕組みは「自分は特別なステータスを持つ存在だ」という物語を顧客に提供し、他者との差異を明確に感じさせる役割を果たす。利便性や実用性よりも、他者に容易には気づかれなくても「自分だけが知っている特別感」を味わえる体験こそが最大の価値を持つのである。この要素をどれだけ洗練させるかが、現代のマーケティングにおける成功のポイントとなる。

ITエンジニアがこれまで「便利さ」を提供する役割を担ってきたのに対して、MXデザイナーが担うのは「優越感」を感じさせる体験の設計である。MXデザイナーには、データ解析や行動分析を駆使して顧客のニーズに的確に応えるだけでなく、その先を見据え、「自分だけが手に入れることができる特別な体験」を提供するための仕組みを構築することが求められる。その役割は物理的な商品やサービスの設計にとどまらず、顧客の心を満たす心理的な充足感を引き出すプロセスを丁寧にデザインすることにある。

MXの設計能力は、今後の日本企業の競争力を決定づける重要な要素となるだろう。従来のUX（ユーザーエクスペリエンス）から一歩先を進み、消費者が「自分は他とは違う特別な存在だ」と深く実感できるMXを創造する能力こそが、21世紀の資本主義社会において日本企業が新たな地位を築き、持続的な成長を実現するために重要なのである。

米国企業の競争力の源泉は「マウンティングエクスペリエンス（MX）」を設計する能力にある
〜なぜ、日本からGAFAMが生まれないのか〜

米国企業が世界で圧倒的な競争力を誇る理由は、技術力や資本力だけにとどまらない。それ以上に重要なのは、消費者に対して「特別な自分」を実感させるMXを緻密に設計する能力である。それらの企業は、製品やサービスを通して、「他者とは違う自分」を感じさせる体験を創り出し、多くの顧客の心を掴むことで、強い購買意欲を引き出しているのだ。

その最たる例がアップルである。同社の製品の魅力は、スマートフォンやパソコンとして優れた機能を有していることは言うまでもなく、「ｉＰｈｏｎｅやＭａｃを持つ自分」

というステータスを自然に演出できる点にある。シンプルで洗練されたデザイン、直感的で誰もが使いやすい操作性、そして新製品発表のたびに注目を集める革新性――これらの要素のすべてが「アップルと共にある自分は特別だ」という感覚を顧客に抱かせるように綿密に計算されている。アップルが提供しているのは「所有することによって特別感を得られる体験」そのものであり、それこそが同社の揺るぎないブランド力を支えている。

このような米国企業の成功例を前に、「なぜ、日本からGAFAM《ガーファム》のような企業が生まれないのか」という問いがしばしば投げかけられる。多くの場合、その答えとして技術力や人材水準の違いが挙げられる。しかし、真の課題はむしろ「消費者に対して自分の価値を証明させる体験を提供できているか」という視点の欠如にあるのではないだろうか。日本企業は製品の機能や品質において世界トップクラスの水準を誇るものの、「その製品が消費者に対してどのような価値を与え、いかにして自己表現の手段となり得るか」という体験設計が不十分であるため、アップルのような熱狂的なブランド支持を獲得するに至っていないのだ。

では、なぜ日本企業にとって「マウント体験」の提供が難しいのか。その理由の一つは、

「良い製品をつくれば売れる」という旧来の価値観が根強く残っているからだろう。

品質や技術力に過度に注力するあまり、消費者がその製品を通じて「どう見られたいか」「どのように感じたいか」といった心理的側面への配慮が十分に行き届いていないことがブランドロイヤリティの形成を阻む要因となっている可能性がある。このような「ものづくり信仰」が、消費者体験を柔軟かつ革新的に設計する発想を制限し、結果、「特別感を提供する」という視点が欠落してしまっているのではないか。

日本企業が真にグローバルな競争力を手にするためには、MXの創出が必要不可欠である。製品の性能や品質を追求するだけではなく、それを通じて消費者が「自分は特別な存在だ」と深く実感できる体験を提供することが次世代の成長戦略の核心となる。具体的には、顧客が製品を所有することで得られる満足感や他者との差異を誇示できる仕組みを巧みにデザインし、消費者心理に寄り添った価値を与えることが重要となる。こうした戦略的な仕掛けを積極的に取り入れることで、日本企業は競争のフィールドを広げ、次なる成長のステージへと果敢に踏み出すことができるようになるだろう。

日本が進むべき方向性は明確だ。それは、「世界最高の製品をつくること」から「世界最高のマウント体験を提供すること」へと価値観をシフトし、消費者の心を深く捉える新たなモデルを構築することだ。この転換を実現するための鍵となるのがＭＸの視点であり、この視点をいかにしてビジネスの中心に据え、顧客体験を戦略の基盤として位置づけられるかが、今後の日本企業の競争力を決定づける重要な要素となるのである。

あらゆるイノベーションはマウンティングから生まれる
～新たな「マウント需要」を創り出せば、利益は後からついてくる～

スマートフォンが登場する以前、多くの人々は「携帯電話は通話やメールができれば十分」と考えていた。

しかし、アップルはｉＰｈｏｎｅという革新的なプロダクトを通じて、通信手段以上の価値を備えた「自己表現の手段としてのスマートフォン」を生み出し、業界内で独占的とも言えるポジションを確立した。特筆すべきは、ｉＰｈｏｎｅの技術そのものではなく、その技術を上手く活用し、消費者が自らの価値を再定義し、「他者との差異を実感できる体験」を提供した点にある。このＭＸの構築こそが、アップルの真の競争力であり、他社が容易に追随できない独自の強みである。

一方で、消費者の現状の欲求に応えるだけでは、持続的な競争優位性を築くのは難しい。なぜなら、欲求が満たされるたびに、人々はさらに高次の体験を求めるようになるからだ。だからこそ、企業には「現状の欲求」に対応するだけでなく、「新たな欲求」を創造し続ける能力が求められる。たとえば、これまでにない革新的なデザインやライフスタイルを提示することで、消費者の「こうありたい」という未来像を先取りし、それを具体的な形で具現化する必要がある。

この視点に立てば、イノベーションとは単なる「技術の革新」ではなく「欲求の革新」であると考えられる。すなわち、消費者自身がまだ気づいていない潜在的な欲求を発見し、それを顕在化させることこそがイノベーションの本質なのである。そして、この「欲求の革新」を再現性をもって実現できる企業こそが次世代ビジネスの覇権を握り、持続的な成長と競争優位性を確立するのである。

「マウント欲求」を具体化するためには、消費者の深層心理を徹底的に理解することが必要不可欠だ。どのような体験が「自分は特別だ」という感覚をもたらし、どのような仕掛けが「他者との差別化」を実感させるのか――これらを深く追求し、それを商品やサービスに的確に反映させていく必要がある。そのためには市場調査やデータ分析だけでは不十分で、人間の感情や社会的文脈を精緻に読み解く力、さらに「デザインされた優越感」を創り上げるためのクリエイティブなセンスが求められる。

究極的には、すべてのイノベーションは「マウント欲求」に帰結する。その商品やサービスを通じて「自分は他者よりも優れた存在だ」と実感できるようになれば、それは消費者にとって絶対的に欠かせないものになっていく。

そして、その体験が市場で受け入れられれば、利益は自然と後からついてくるだろう。これこそがイノベーションの本質であり、すべての企業が目指すべき事業創出の理想のあり方なのである。

第2章

マウンティングエクスペリエンス（MX）を活用することで、革新的なサービスを生み出すことに成功した海外事例

優れた企業は、人々の心に潜む「マウント欲求」を巧みに引き出し、それを満たす体験を提供することで顧客を惹きつけている。この「マウンティングエクスペリエンス（MX）」こそが、現代のイノベーションを牽引《けんいん》する隠れた原動力である。「自分は特別な存在だ」という確信を与えることで、ブランドと顧客が強固に結びつく。

特に欧米企業は、この分野で日本企業を大きくリードしている。その卓越性は、技術的な優位性や製品機能の高さにとどまらない。「この製品を所有している自分は時代の最前線にいる」という感覚を、消費者に抱かせる体験をデザインする能力にこそある。製品そのものの価値を超越し、所有することの意味や社会的ステータスを巧みに提供することで、圧倒的なブランド価値を築き上げているのだ。

では、具体的にどの企業がこのMXを活用し、成功を収めているのだろうか。本章では、欧米企業を中心にその事例を詳しく紐解《ひもと》いていく。それら企業がいかにして消費者の深層心理を捉え、「自分は特別だ」という感覚を引き出しながら、ブランドの魅力を最大化してきたのか。その戦略を探ることで、現代におけるイノベーションの本質を明らかにするとともに、未来への重要なヒントを提示していく。

Ａｐｐｌｅ：世界中のＡｐｐｌｅ信者に対して「所有すること自体が価値となる」魅力的なプロダクトを提供する、テクノロジー界のトップランナー

アップルは、革新的なプロダクトを次々と生み出し、世界中のファンを魅了している。その製品群は、ｉＰｈｏｎｅやＭａｃＢｏｏｋといった機能性とデザイン性を完璧に両立させたアイテムで構成されている。しかし、真の魅力は性能やスペックの域にとどまらない。「アップル製品を所有すること」自体が持ち主のアイデンティティを強化し、他者との差異を際立たせるためのステータスシンボルとして機能している。この特別感こそが、世界的なブランドの象徴として君臨し続けている最大の理由である。

同社の製品を手にすることとは、「自分のセンスの良さ」や「時代の最前線を生きる自分」

をさりげなく演出し、周囲に印象付けるための洗練された自己表現の一部となっている。新製品の発表に際してアップルストアの前に並ぶ長蛇の列や徹夜で順番を待つファンの姿がニュースを賑《にぎ》わすのは、まさにその象徴的な光景だ。彼ら／彼女らにとって、新製品をいち早く手に入れることは利便性や機能性を追求すること以上に「自分は他者とは違う特別な存在だ」という優越感を得るための象徴的な儀式にほかならない。アップル製品はガジェットとしてだけではなく、「所有することで自分の価値を証明し、他者との差異を際立たせるためのアイコン」としての確固たる地位を築いているのである。

中でも、アップルウォッチはMXの観点から特筆すべき製品である。従来の腕時計が「良い時計を所有している」というステータス競争の象徴であったのに対して、全く異なる価値観を提示している。それは「私はスマートで効率的、そして機能性を重視する人間です」というライフスタイルを示す手段としての役割である。ロレックスやパテックフィリップといった伝統的な高級時計が所有者の財力や社会的地位を誇示するものであるのに対して、アップルウォッチは「高級時計に興味がない」という洗練された一貫性を持つ自己像を表現するためのツールとして機能している。この点で、従来の高級腕時計市場における終わりなきマウント競争から解放されたいと願う一部の消費者にとって、優越感ではなく「マウント回避」の象徴としての役割を果たしている。この新しい価値提案が、スマートウォッチ以上の存在たらしめているのだ。

アップルの戦略の根底には、創業者スティーブ・ジョブズの哲学が深く息づいている。ジョブズは「デザインの天才」として知られるが、その卓越性は美しいプロダクトを生み出すことにとどまらない。彼の真の才能は「所有すること自体を特別な体験へと変える仕組み」をデザインする能力にあった。

同社の製品は、機能的なツールとしてだけではなく、ユーザーが「自分の価値を再認識し、他者との差別化を図る」という体験を提供するためのプラットフォームとして機能している。その結果、アップルはプロダクトを通じて消費者の深層心理に深く響くMXを確立し、技術革新を凌駕した本質的な価値を創造しているのだ。

製品を所有することで得られる特別な満足感――これこそが、唯一無二のブランドへと押し上げた真の原動力である。その背後には、スティーブ・ジョブズが遺した「他者とは異なる自分を演出する」という哲学が脈々と息づいている。ガジェットを提供するのではなく、「所有することそのものに価値を宿す」プロダクトを創り出している。この独自の価値観こそが、優れた企業を超えた文化的象徴として異彩を放つ最大の理由なのである。消費者に対して「自分は特別な存在だ」と実感させる力そのものをアップルは提供している。この特別な体験を提供し続ける限り、未来においても他に類を見ないブランドとして、その地位を揺るぎないものにし続けるだろう。

Ｉｎｓｔａｇｒａｍ：「インスタ映え」という社会現象を生み出し、世界最大級のユーザー数を誇るＳＮＳプラットフォーム

写真共有アプリのインスタグラムは、ユーザーが自己表現を行い、「自分らしさ」を際立たせるための洗練されたプラットフォームへと進化を遂げている。その本質は、日常の

一瞬を「特別な体験」として切り取り、他者との差別化を図る仕組みにある。かつて「インスタ映え」と呼ばれた社会現象は、2025年現在も進化を続けており、世界最大規模のユーザー数を誇る自己表現のための場となっている。

たとえば、「#入籍しました」や「#新しい家族」といった投稿は、喜びの共有に見えるが、その裏には「こんな幸せな瞬間を迎えた自分」という特別感を漂わせる意図がある。こうした投稿は、個人的な出来事を報告するだけでなく、見る人に自分の価値を再認識させるための巧妙な手段となっている。「#幸せな時間」や「#仲良し夫婦」といったハッシュタグを添えることで、日常が瞬時に「自己ブランディング」のツールへと変わる。このような仕組みこそが、インスタグラムを特異な自己表現の場として際立たせているのである。

また、強みの一つは、そのビジュアル性だ。高級ホテルのプールサイドや瀟洒《しょうしゃ》なレストランで撮影された写真は、「こんな贅沢な体験を楽しんでいる自分」というメッセージを強く発信する。「#自分へのご褒美」といったタグを添えることで、その写真は思い出の共有から、プレミアム感をさりげなくアピールするためのマウンティングツールへと昇華される。このように、消費行動と自己表現が密接に絡み合う場として、着実な成長を遂げているのである。

「匂わせマウント」文化も見逃せない。カフェで撮影した手元の写真に「#大切な人と」などの曖昧《あいまい》なハッシュタグを添えることで、ただならぬ関係性をほのめかし、フォロワーの想像力を刺激する。具体的な詳細を排除することで「特別感」を演出できるこの手法は、同アプリの独自の美学と絶妙に調和しており、自己表現の奥行きをより一層深めている。

さらに、インスタグラムではプロフィール欄に象徴的な情報を載せることが一つの「ステータス」として定着している。結婚式を挙げた場所、愛用している高級ブランド、新婚旅行で訪れた国、出産した産院の名前など、私的な情報を公開することで、一部のユーザーは「特別な自分」を強調し、他者との差別化を図る。それと同時に、ライフスタイルを社会的証明として提示し、その価値を強化している。

そして、インスタグラムの進化を象徴するのが、ストーリーズ機能である。24時間限定で消える投稿は、気軽に「今、この瞬間」をシェアする場を提供し、フォロワーの注目を集める絶妙なバランスを保つ。特に「#今日のハイライト」や「#○○な瞬間」といったお題機能は、ユーザーの「自分をもっと知ってほしい」という欲求を満たし、自己表現を楽しむためのきっかけを提供している。これにより、コミュニケーションと自己表現を融合させたユニークなプラットフォームへと進化している。

もはや写真共有アプリのジャンルを超越した、現代社会における「自己表現の文化」を形作る中心的な存在となったインスタグラムは、その多彩な機能を駆使し、何気ない日常を特別なものに発展させ、ライフスタイルや価値観を他者と共有するための新たな手段を提供している。このプラットフォームは、今後も自己表現の舞台として、時代の空気を反映させ、絶え間ない進化を続けるだろう。

Tesla：従来の高級車の概念を覆し、「地球に優しく、革進的」という新たな体験を提供する電気自動車（EV）のパイオニア

電気自動車メーカーのテスラは、もはや地球環境を守りながら未来を切り拓くライフスタイルを提案する最先端のブランドへと進化を遂げている。その背後には、世界的な起業家であり資産家でもあるイーロン・マスクの揺るぎないビジョンが息づいている。彼の卓越したリーダーシップのもと、自動車メーカーとして世界最大規模の時価総額を誇り、革新の象徴として不動の地位を確立している。

従来の高級車が提供してきた価値は、利便性や経済的余裕の象徴にとどまっていた。しかし、テスラが提示するのは、それらの常識を根底から覆《くつがえ》す新たな価値観である。「環境

に優しく、革新を追求する自分」というアイデンティティを所有者に対して付与することで、新たな次元のＭＸを提供している。同じ高級車でありながら、ベンツやフェラーリが象徴する伝統的なステータスとは一線を画した環境意識と先進性を核に据え、所有者に対してより深いレベルの持続的な満足感をもたらしているのだ。

テスラのオーナーになることは、車の所有以上の意味を持つ選択である。それは、「環境に配慮し、未来を自ら選び取る自分」を体現する行為であり、環境問題への貢献と最先端テクノロジーの享受を両立させる、他にはない体験である。この選択は、経済的余裕の証明にとどまらず、「未来を共に創造する一員である」という責任感と革新への参加意識を誇る行為でもある。「一度乗ってみたら価値観が変わるよ」と多くのオーナーが口を揃えるのは、この体験が従来の車では得られない満足感と深い感銘をもたらし、「未来への第一歩」を実感させるからに他ならない。

さらに、「マウント競争」からの解放を象徴する存在としても際立っている。アップルウォッチが従来の腕時計が象徴していた「ステータス競争」を超越したように、高級車同士が繰り広げる「優越性の争い」を次元の異なる価値観で凌駕している。「環境を守りながら革新的な選択をする」という理念を体現することで、他の高級車では得られない独自の満足感を提供しているのだ。

テスラが提供するのは、「未来世代に対する責任」を果たしながら、「未来を所有し、育むライフスタイル」を具現化するという新たな価値観そのものである。環境配慮と革新を核に据えたこの提案は、「環境マウンティング」という価値基準を打ち立て、「所有」という概念そのものを根本から再定義している。

進化を続けるその姿勢と先進的な価値提案は、既存の枠組みに収まらず、他を圧倒する存在感を放っている。今後も、環境への配慮と革新を見事に融合させ、新しい所有体験を提供することで、未来のライフスタイルを牽引する象徴的なブランドとして、さらなる地位を確立していくだろう。

Liquid Death：普通の〝水〟を〝クールな缶〟で包み込み、「ダサくない水」として再定義。売上403億円を達成した米国発のスタートアップ

リキッド・デスは、「水」という極めてシンプルな商品に大胆なブランド戦略を持ち込み、飲料業界に新潮流を生み出したスタートアップである。その成功の原動力は、「水をいかにクールに見せるか」という挑戦を果敢に追求した点にある。従来の「清潔さ」や「健康」といった水のイメージを打ち破り、誰もが当たり前に消費する「水」を個性や自己表現を映し出す象徴へと進化させたのだ。「水そのもの」に特別な価値と文化的意義を付与することで、飲料という次元を超越した存在として市場に君臨しているのである。

まず目を引くのは、挑発的で個性溢れるパッケージデザインだ。大きく描かれた不気味

なスカルのロゴが印象的なアルミ缶は、「これが本当に水なのか？」と思わず二度見してしまう。その強烈なビジュアルインパクトは「水は地味でつまらない」という従来のイメージを鮮やかに打ち破り、「クールでスタイリッシュな水」という新しいアイデンティティを創出した。このデザインがもたらす新鮮さと独自性は、リキッド・デスをバーやクラブといったナイトライフのシーンでも選ばれるファッショナブルなライフスタイルアイテムへと押し上げている。

しかし、その真価は挑発的なビジュアルだけにとどまらない。同ブランドのコミュニケーション戦略は、他に類を見ない独自性を放っている。ＳＮＳを駆使した広告キャンペーンでは、ユーモアとブラックジョークを大胆に織り交ぜることで、「清潔で健康的」という従来の水のイメージを根底から覆している。たとえば、ハードロックの世界観を前面に押し出したプロモーション動画では、「水でありながら、ロックバンドのツアーＴシャツのような存在感」をユーモラスに演出。この予想外のギャップがターゲット層の心を捉え、「リキッド・デスを選ぶ自分は他者とは異なるセンスを持っている」という特別感を消費者に対して提供している。その結果、飲料というより自己表現とアイデンティティを象徴する文化的アイコンへと進化を遂げつつある。

さらに、リキッド・デスは環境意識を随所に取り入れることで、ブランドの魅力をより一層際立たせている。プラスチックボトルではなく、リサイクル可能なアルミ缶を採用することで、「地球に優しい選択」を消費者に対して提案している。この取り組みによって、リキッド・デスを飲むという行為そのものが「環境に配慮した意識的な選択をする自分」を体現する行動へと変容している。環境問題への積極的な姿勢は、特に若い世代の消費者層から深い共感を集め、ブランドの差別化をさらに際立たせると同時に、その魅力を格段に高めている。ただの飲料ではなく、持続可能な未来を目指すライフスタイルを象徴する存在として、唯一無二の地位を築いているのだ。

こうした大胆かつ巧妙なブランディング戦略によって、リキッド・デスは2019年にスタートしてからわずか4年で売上403億円に達する企業へと急成長を遂げた。しかし、同社が提供しているのは単なる飲料ではない。その本質は「他者とは異なる自分」を表現するための選択肢としての価値にある。「ダサくない水」という斬新なコンセプトを提示し、消費者に商品としての価値以上の意味を提供している。その結果、同業他社との競争とは無縁の独自のポジションを確立し、従来の飲料市場に新たな基準を打ち立てることに成功したのである。

シンプルな商品にそれ以上の価値を付加するという挑戦に対して見事な解答を提示している。水という普遍的な商品を「他者と異なる自分」を演出するためのツールへと昇華させ、消費行動そのものを特別な体験へと変貌させたのだ。この巧妙かつ洗練された戦略こそが、飲料業界でその存在感を際立たせている最大の理由であり、同時に同ブランドが創出したMXの象徴的な事例でもある。

リキッド・デスは、シンプルな商品に物語性を宿らせ、これまでにない市場価値を生み出すブランドとして高く評価されている。その存在は飲料業界にとどまらず、他業界においても「商品に意味を与える」マーケティングの未来像を提示するものだ。この成功は、どんなに日常的な商品であっても、斬新な視点と物語を取り入れることで、独自のポジションを確立できることを力強く証明している。リキッド・デスの事例は、商品の枠を超えて、文化と価値を創出する可能性を明確に示しているのである。

Harley-Davidson：単なる「移動手段」を超え、「自由を象徴するライフスタイル」としての地位を築き上げたオートバイメーカー

ハーレーダビッドソンといえば、多くの人がまず思い浮かべるのは、自由、冒険、そして反骨のスピリットだろう。一方で、ハーレーのオーナーではない人々の中には、「結局、数あるバイクのうちの一つに過ぎないのでは？」と冷静に見る向きもあるかもしれない。しかし、ハーレーの魅力は、こうした単純な機能性の議論を軽々と凌駕している。移動手段というカテゴリーの遥か上を行く圧倒的なブランド力こそが、ハーレーダビッドソンの真髄である。

その象徴的なフォルムは、見る者を圧倒する存在感を放つ。武骨でワイルド、そして男

らしさを感じさせるシルエットは、まるで「俺は自由だ」と無言で語りかけてくるようだ。そして忘れてはならないのが、「ドッドッドッ」という唯一無二のエンジン音。一般的なバイクの軽快な「トトトト」とは異なる重低音のリズムは、音だけで「ハーレー」とわからせる力を持つ。その響きは胸の奥深くにまで到達し、少年たちが思わず「お、ハーレーだ！」と振り返るのも自然なこと。この音とデザインが生み出す圧倒的な存在感によって、ハーレーは単なるバイクではなく、「生きたアイコン」として地位を確立している。

ハーレーの魅力は、フォルムや音にとどまらない。そのブランドイメージには、かつての反抗的なギャング文化の影が色濃く漂う。悪名高いアウトローたちの愛車として知られた歴史は、今やその象徴の一部となっている。しかし現代では、この「ワル」の雰囲気が安全にファッションとして楽しめるという魅力を生み出している。レザージャケットを羽織り、ハーレーにまたがれば、日々のデスクワークに追われるビジネスマンでさえ、自由と反骨を体現するヒーローへと早変わりする。その瞬間、彼らは日常では得られないアイデンティティを手に入れ、ハーレーが提供する独自の世界観に浸るのだ。

近年では、この無骨さにスポーティーさを融合させたスタイリッシュなモデルも登場している。これによって、従来の「荒々しい男の乗り物」という固定観念を打ち破り、より幅広い嗜好《しこう》やスタイルに応える柔軟なブランドへと進化を遂げつつある。クラシックなワイルド感を愛する従来のファンから洗練されたデザインを求める新世代まで、多様な層を魅了している。この普遍的な魅力と一貫したブランドの力こそが、比類のない存在たらしめている最大の理由である。

この自己肯定感をさらに強固なものにしているのが、「H.O.G.(Harley Owners Group)」と呼ばれるオーナーコミュニティの存在だ。ハーレーを愛するファンたちが集うこのグループでは、ツーリングイベントやミーティングを通じて交流を深めている。愛車の自慢話に花を咲かせ、ツーリングの思い出を共有する時間は他では得られないエモーショナルな一体感を生む。「コミュニティの一員」としてのオンリーワンの体験をもたらすのである。この共有感がハーレーの魅力をさらに高め、オーナー同士の絆をより一層深めているのだ。

さらに、他のブランドとの違いとして挙げられるのが、「最初から改造車のように見える完成車」を提供している点だ。これによって、改造に馴染みのない新規ファン層にも訴求しつつ、従来のカスタム愛好者にも受け入れられる絶妙なバランスを実現している。〝俺だけのバイク〟を簡単に手に入れることができるこの戦略は、常に新しいファン層を取り込むための主要な原動力となっている。

こうした一連の取り組みによって、ハーレーダビッドソンは「移動手段」を超越した「自由を象徴する体験」としての地位を確立することに成功した。その中核には、ただの高性能バイクではなく、「ハーレーに乗る自分」という自己像を提供するMXが存在する。どの道を走るにせよ、その背後には常に「俺は自由だ」という揺るぎない哲学が存在する。ハーレーを手にするということは、単なるバイクの所有ではなく、人生そのものを所有する行為なのである。

Maison Margiela：古着のリメイクにとどまらず、「選ばれた者だけが理解できる特別なアイテム」としての地位を確立したハイブランド

メゾンマルジェラの再構築デニムは、流行の「サステナビリティ」に便乗した一過性の取り組みではない。その本質は、古着のデニムを一度解体し、別の形へと再生させるという徹底したプロセスにある。この過程で元のブランドタグやパッチをあえて取り去り、そこに「無名の純粋な美」を宿らせる。このアプローチは、過去への敬意を込めた「再生」という哲学そのものであり、従来の消費社会に対する鋭いアンチテーゼでもある。古い素材に新鮮な命を吹き込むこの試みは、エコロジーとファッションを高度に融合させ、マルジェラをサステナブルムーブメントの最前線へと押し上げている。

しかし、再構築デニムが真にユニークなのは、環境意識以上にその美しさにある。再構築の手法によって生み出されたシルエットは、穿《は》く者の脚を引き締め、スタイル全体を劇的に変化させる。その完成度は衣服というより、まさに芸術と呼ぶにふさわしい。SNSでは「マルジェラの再構築デニム最高だから見て」といった投稿が数多く見られるが、その裏には「私のセンスの良さを見てほしい」という巧妙な自己表現が隠されている。この「再構築マウント」とも言えるさりげない優越感が、ファッション愛好者を惹きつけ、マルジェラのデニムを特異なアイテムへと変容させている。

さらに、他のハイブランドが手掛ける「ダメージ加工デニム」との違いも際立っている。多くのブランドが新品のデニムを人工的に傷つけ、「ヴィンテージ風」の外観を演出する中、マルジェラは実際に使い込まれた古着を丹念に解体し、その素材が持つ風合いや歴史を最大限に活かして再構築する。このプロセスは、他の加工技術とは異なる、素材に刻まれた時間の痕跡《こんせき》を尊重しながら新しい価値を吹き込む試みである。洋服そのものへの深いリスペクトが込められたこのアプローチは、エコロジーと美学を高度に融合させ、マルジェラの再構築デニムを他とは一味も二味も違う存在へと引き上げている。

このデニムは、ファッションの既成概念そのものにも果敢に挑戦している。「新品こそが美しい」とされてきた常識を覆し、古い素材を違う形に生まれ変わらせることで、「再生された美」という価値観を提示しているのだ。この革新的なアプローチは、ファッションアイテムの枠に収まらない、現代社会におけるサステナビリティの象徴として、多くのファッション愛好者の共感を呼び起こし、絶大な支持を集め続けている。

こうした背景を持つマルジェラの再構築デニムは、「選ばれた者だけが知るアイテム」として異彩を放っている。このプレミアム感こそが、MXの真髄であり、マルジェラがファッション界で揺るぎない地位を築き続ける最大の要因でもある。この商品を手にすることは、「これこそが本物の再構築だ」という価値観を静かに証明するという行為そのものなのだ。

その所有がもたらすのは、「自分は本物を知る人間だ」という特権的な優越感である。このような感覚は、周囲へのそれとないアピールを可能にし、ファッションの最前線を生きる者だけが得られる体験を提供する。数多くのファッション愛好者を虜《とりこ》にし続けているのは、この「知る人ぞ知る特別感」こそである。

第3章

マウンティングエクスペリエンス（MX）を活用することで、革新的なサービスを生み出すことに成功した国内事例

日本でも「マウント欲求」に着目し、それを満たす「マウンティングエクスペリエンス（MX）」を軸に据えたビジネスを通じて大きな成果を上げる企業が増えてきている。欧米企業が展開する高度に洗練されたMX設計にはまだ及ばない部分はあるものの、独自の文化や価値観を巧みに取り入れることで、日本企業も着実に成果を積み重ねつつある状況だ。では、どのような企業がこのMXの設計に成功しているのだろうか。その具体的な事例を見ていこう。

NewsPicks：ニュースを「読むだけの情報」から「自分の知性や価値観をアピールする場」へと変貌させた、国内メディアビジネスの先駆者

ニューズピックスは、ニュースメディアにMXの要素を取り込み、他に類を見ない地位

を築き上げたプラットフォームである。一部のビジネスパーソンにとって、ニュースサイトとしてだけではなく、知識や見識を披露することで自らの知的優位性をさりげなく示すための特別な舞台として機能している。

その本質は、「ニュースを読む」という受動的な行為を「ニュースを語る」という能動的な体験へとシフトさせた点にある。ユーザーは時事ニュースに対して自由に意見を投稿し、それが「いいね」や「ＰＩＣＫ」といったリアクションによって評価される。この仕組みによって、ユーザーは情報の受け手としての立場にとどまらず、「他者を凌駕する洞察力を持つ主体的な知識人」として自己を位置づけることが可能となる。知識を消費するだけの場ではなく、知識を表現し、他者と競い合う場を提供することで、ユーザーの「自分を知的に際立たせたい」という深層的な欲求を引き出し、満たしているのである。

このプロセスは、知的満足は当然のこと、「評価される喜び」をも生み出す。自身の見解が他者に認められることで、ユーザーは知的な自己表現の楽しさを存分に堪能する。それだけでなく、他者との知的な競争を通じて、「自分は優れた視点を持つインテリである」という確固たる自己肯定感を育むことができる。この仕組みによって、ニュースメディアの型に収まらず、ユーザーが自らの知的アイデンティティを磨き、際立たせるための場としての地位を確立しているのだ。

中でも特筆すべきは「プロピッカー」の存在である。経済界のリーダーや専門家がプラットフォーム上で積極的に意見を発信し、知的な議論を展開する。その中で、一般ユーザーが同じ舞台に立って自らの見解を述べられるというこの仕組みは、ニューズピックスの独自性を際立たせている。日常生活では交わることのない知的エリートと肩を並べるという体験は、知性に価値を見出すユーザーにとっては極めて貴重であり、圧倒的な高揚感をもたらす。さらに、プロピッカーと同等の評価を受けることで、「自分もまた特別な存在である」という強い実感を得ることができる。この仕組みによって、「知的自己実現」の場を提供しているのだ。知識を持つ者同士が対等に意見を交わし、評価し合うこの一体感こそが、ニューズピックスが生む独特の中毒性の源泉なのである。

ニューズピックスが再定義したのは、ニュースそのものの意義である。このプラットフォームでは、情報は受動的な消費物ではなく、知識を競い合い、優越感を得るための素材として再構築されている。ニュースを「読む」場から「語る」場へと進化させた、知識を武器にした自己表現を求める知的エリート層を強力に惹きつけている。

現在、ニューズピックスはニュースを中心に据えつつ、ユーザー同士が知的に交流し、競争するための場を提供することで、他のメディアにはない革新的な価値を生み出している。その存在意義は「知識を語り、共有し、競い合う」という体験を提供することにある。

インテリ層にとって、このプラットフォームは「知的な優越感」を育むと同時に、自己表現を深めるための理想的な空間である。ニューズピックスは、ニュースメディアを超越し「知的コミュニティ」として進化を続け、その地位をますます確固たるものとしていくだろう。

ホームワイン：ワインを楽しむという行為を「教養を深める体験」へと昇華させ、新たな価値を生み出すことに成功したワイン定期便付きスクール

ワインは、多くの人にとってハードルの高い存在である。フランス産とイタリア産の違いを語ったり、ブドウの品種について議論したりする場面で、「実は詳しくない」と打ち明けるのはどこか気まずさを伴う。それは、ワインが嗜好品としてだけではなく、知識や教養の象徴として位置づけられているからに他ならない。

こうした「ワインの壁」を取り払うべく登場したのが、自宅に届くワインスクールの「ホームワイン」である。このサービスでは、月に一度、厳選された商品が自宅に届けられる。それには産地やブドウ品種、歴史に関する丁寧な解説が添えられており、まるで「ワイン

の家庭教師」が付いた定期便のようだ。これによって、ユーザーはワインを楽しむ過程で自然と知識を深めることができる。次のワインパーティーでは、「このボルドーはカベルネ・ソーヴィニヨン主体で……」といった具合に、さりげない蘊蓄《うんちく》を披露する準備も整うというわけだ。

しかし、「ホームワイン」の真価は知識の提供にとどまらない。それ以上に、「自分は他者とは違う、ワインに詳しい」という優越感を味わえる体験にこそある。銘柄や特徴を会話の中にそれとなく織り交ぜることによって、「ワイン通」として認められたような気分を得ることができる。この体験は、消費者の「マウント欲求」を巧みに満たしている。「自分には教養がある」という感覚を自然に育む仕掛けが随所に凝らされており、格別の充足感を提供するサービスへと昇華されているのだ。

セレクションへのこだわりもまた「ホームワイン」の大きな魅力である。単に高級な銘柄を揃えただけでなく、「知る人ぞ知る」希少なワインを厳選することで、ユーザーに対して「流行に流されるのではなく、本当に価値あるものを私は選んでいる」という感覚を提供している。この徹底したこだわりによって、「さりげなくマウントを取る」ための完壁なツールとして見事に機能している。

「ホームワイン」は、ワインを楽しむ行為を「教養を手に入れる体験」へと変えた。それは、まさに新たなMXの形を提案している。現代人にとって、「知らないことが恥ずかしい」という感覚が日々強まる中で、ホームワインは学びの手段以上の意味を持つ。知識を深めるだけでなく、ワインを通じて自己表現の場を提供し、さらなるステータスを手に入れるための理想的なツールとなっているのだ。

慶應三田会：卒業生に「自分は慶應卒」というステータスをさりげなく、時には堂々とアピールする場を提供する、最強の同窓会ネットワーク

単なる同窓会とは言えないほどの存在感を放つ慶應三田会は、慶應出身という特権的な

ステータスを巧みに演出することで、その地位を圧倒的に強固なものとしている。三田会に参加することは、旧友との再会という表面的な目的にとどまらず、「自分は選ばれた組織の一員である」という優越感を味わう特別な体験そのものである。この場は、慶應ブランドの共有者同士が自らの存在価値を確認し合い、その絆《きずな》を活用してさらなるビジネスチャンスや社会的影響力を得るためのネットワークとしても機能している。「慶應出身であること」を実感し、それを社会的に誇示するための舞台を提供しているのである。

この「選ばれし者」としての感覚こそが、コミュニティとしての独自性を際立たせている。名門私立である早稲田の稲門会と比較しても、三田会にはある種の特別な「オーラ」が漂い、その雰囲気が参加者に独特の高揚感を与えている。その場で交わされる「どのゼミにいたか」「誰と学んだか」といった会話は、思い出を懐古すると同時に自らの学歴と人脈をさりげなく強調する格好の機会となる。「あの教授のゼミ出身だ」「○○先輩と親しい」といった発言が、知らず知らずのうちに自らのステータスをアピールし、結果として自然発生的な「マウント合戦」へと発展することも珍しくない。

こうした微妙な優越感の争奪は、表向きには和やかな雰囲気を保ちながらも、参加者に特有の緊張感と魅力をもたらしている。この些細な違いを誇る文化が、三田会特有のステータス競争を形成し、同窓の集まりとして以上の意義を持たせている。そして、こうした競争心が三田会の価値をより一層高め、集まる場を他の同窓組織とは一味違う魅力的な存在へと押し上げているのである。

真の強みは、その圧倒的な結束力にある。年次単位で編成される「年度三田会」、企業内で活動する「勤務先・職種別三田会」、業界横断的な「職域三田会」、さらに全国各地で展開される「地域三田会」など、そのネットワークは多岐にわたり、縦横無尽《じゅうおうむじん》に社会へと張り巡らされている。慶應出身者同士が強固な信頼関係を築き、互いに支え合う場として機能している。その結果、「慶應卒」という肩書きが一種のブランドとして認知され、信頼と尊敬を勝ち取る力を持つようになる。ネットワークが社会の隅々にまで広がることで、慶應出身者はどこに行っても「特別な存在」として認められる地位を享受できる。このようにして高められている結束力こそが、三田会の揺るぎない強みであり、慶應出身者にとって圧倒的なアドバンテージを生み出している。社会的影響力をもつネットワークとして独自の存在感を放っているのである。

その結束力が最も象徴的に表れたのが、２０２３年に慶應高校が夏の甲子園で優勝したときである。スタンド全体が三田会のカラーに染まり、外野席に至るまで総立ちで応援歌「若き血」を熱唱する光景は、多くの人を魅了した。その迫力は、慶應卒でない者さえ引き寄せ、応援に駆けつけさせるほどの力を持つ。さらに特筆すべきは、野球に興味がない層さえ「慶應卒」という理由だけで甲子園の応援に向かうという現象である。この行動にこそ、慶應の結束力の真髄が象徴的に現れている。競技の結果を超えて、慶應ブランドへの誇りとその共有が、三田会を中心とした全体の団結をより強いものにしているのだ。それは学校愛や伝統の域に収まらない一種の社会現象として三田会の影響力を如実に証明しているのである。

また、出身者同士で「実は慶應なんです」と名乗る場面も少なくない。この一言を単なる「自己顕示」と捉えるのは早計である。そこには明確な実利が存在している。共通の出身校である者同士であれば、「本当ですか、私もです」という返答から瞬時に共通の話題が生まれ、その場で特別な信頼関係が構築される。特にビジネスの場では、「慶應」という言葉が強力な合言葉として機能する。これによって会話がスムーズに進むだけでなく、互いの信頼が前提となるため、商談やプロジェクトが加速するきっかけとなる。慶應という共通項が、学歴以上の価値を生み、人間関係やビジネスの可能性を広げるためのツールとして活用されているのである。このように、「実は慶應なんです」という一言は、表面的には軽い自己紹介のように思えるものの、実際には信頼構築と連携促進を可能にする極めて実利的な効果を持つ発言なのである。そして、この暗黙のネットワークが、出身者同士の絆をさらに強固なものとしているのだ。

三田会のパワーは、金銭的な側面においても圧倒的である。慶應義塾大学の創立150周年記念事業では、総額285億円という膨大な寄付金が集まり、申し込み件数は約5万件に達した。この集金力は、他の同窓会や団体と比較しても群を抜いており、組織力の高さを如実に物語っている。この財力は慶應義塾の運営基盤を強化し、教育や研究の質を向上させる原動力となるだけでなく、三田会が社会的影響力をさらに強化するための基盤にもなっている。寄付金を通じて慶應卒業生のブランド価値が再確認され、その結束が次世代へと引き継がれる構造が確立されているのだ。この集金力は、慶應義塾の発展と三田会自身の影響力の拡大を支える要であり、慶應ブランドの独自性と強さを象徴する一側面と言えるだろう。

三田会の魅力の隠れた要素は、「慶應卒である自分」を再確認し、その特権的な体験を味わえることにある。慶應の独特な文化——たとえば、「学生」ではなく「塾生」、「先生」ではなく「君」と呼ぶ慣習——が、この特別感を強調し、存在意義を支えている。これらの文化的特徴は、慶應出身者に独自の一体感と誇りを与えている。三田会の場に集うことで、「慶應卒」というアイデンティティを改めて確認し、その共有による特有の経験を味わうことができる。これが、三田会を一種のエリート意識を醸成する舞台へと様変わりさせている。この一体感が繁栄を支え、時代を超えてその地位を揺るぎないものにしているのである。「慶應卒であること」に誇りを持ち、それを社会の中で特権として享受する体験が、三田会の最大の魅力であり、この独特の文化が未来にわたる発展の原動力となり続けるのだ。

SAPIX：成績順のクラス分けと席順を通じて、教育熱心な親の競争心を巧みに刺激し、受験市場をリードする進学塾のトップランナー

学習塾のサピックスは、学力向上という目的もさることながら、親たちの「マウント欲求」を巧妙に引き出す「マウント装置」としても機能している。一部の親たちは、子供のクラスや席順を自らの教育投資の成果とみなし、それを他者に誇示するための手段としてサピックスを活用する。この仕組みは、親同士の無意識の競争を煽る構造を内包しており、それは子供たちにもある種のプレッシャーとして波及する。

親たちは「どれだけ自分が子の教育に力を注いでいるか」を可視化し、互いに比較し合う。そして、子供たちはその結果を体現する存在として期待を背負わされる。こうしてサ

ピックスは、学力向上のプラットフォームであると同時に、親たちの承認欲求を満たす装置としての側面を持ち、ユニークな社会的役割を果たしているのだ。

クラス分けシステムは、表面的には学力向上を目的とした合理的な制度に映る。しかし、その実態は、親たちが「自分の子が他の子供と比べてどの位置にいるのか」を把握しやすくする仕掛けとなっている。上位クラスに昇格すれば「努力が報われた」と満足し、下位クラスに落ちれば「もっと頑張らねば」と焦燥感を抱く。この仕組みが親たちの競争心を掻《か》き立て、「我が子の成果」を武器としたマウント合戦を無意識のうちに助長しているのである。この相対評価システムは、結果的に子供たちを絶え間ない競い合いに巻き込む。親たちの比較意識を巧みに利用したこの仕組みこそ、サピックスが持つ特異な側面であり、それが独特の教育環境を形作っているのだ。

特に顕著なのが、一部の校舎で導入されているとされる、テスト結果に基づいて席順を決定するシステムである。教室内では前方の席が高得点の証とされ、「前の席＝成功」という暗黙のメッセージが子供たちに強く刷り込まれる。このシステムは、学力を可視化するだけでなく、子供たちや親たちの心理に深く影響を及ぼしている。前方の席に座る子供の親は、それを「教育が正しい方向に進んでいる証」として安心感を得る一方、後ろの席の子供は「次回こそは」と悔しさをバネに努力を続ける。この構造によって、子供たちは絶え間ない競争にさらされ、親たちの期待はさらに加速する。

サピックスの本質的な強みは、この「可視化された競争」を通じて、親たちの教育投資に対する満足感を巧みに引き出している点にある。一部の教育熱心な家庭が求めるものは、知識の習得だけではなく、「自分の子が他の子供より優れている」という実感を他者に対して示すことで得られる自己満足である。テスト結果や席順といった明確な指標を通じて、この優越感を視覚的かつ即座に確認できる場を提供している。親たちは、子供の成果を目にすることで、自らの教育投資の成果を直感的に評価し、「正しい選択をした」という安心感を得る。こうした仕組みにより、サピックスは、教育成果を具体的に感じ取れる舞台として機能し、親たちの心理的欲求を的確に満たしているのである。

さらに、この学習塾に通わせること自体が、特定の家庭にとっては強力な「マウント材料」となる。「うちの子、サピックスに通っているんです」という一言が、親同士の会話の中で自然と優越感を漂わせる武器として機能する。この「サピックスブランド」を背負うことで、親たちは他者との差別化を図り、自らの教育熱心さを暗にアピールするのである。親たちはクラス替えやテスト結果に一喜一憂し、追加教材や特別講座への課金も厭《いと》わない。その根底には、「教育への投資が正当化されている」という確信がある。サピックスのシステムは、この確信を後押しする構造を持ち、親たちに「投資が実を結んでいる」という実感を提供する。子供の成績がその成果を証明するたび、親たちは「正しい選択をしている」という満足感を得る。この感覚がさらなる投資意欲を喚起し、絶え間ない競争を支える原動力となる。結果として、親たちの期待と欲求をさりげなく利用しながら、教育市場における独自の地位を確立しているのである。

サピックスには、いわゆる「塾内カースト」と呼べる階層構造が存在し、クラス間での格差が明確に現れている。上級クラスに進むことは、親同士の会話において一目置かれる存在となるための証である。この位置を維持することが、子供だけでなく親にとっても一つの目標となる。さらに、どの校舎に通わせるかも重要なステータスとして機能している。特に人気の高い校舎への通学は、親にさらなる誇りや自信を与える要素となり得る。この「校舎ブランド」は、塾内カーストをさらに複雑化し、親たちの間で微妙な競争を引き起こす要因ともなっている。こうした仕組みも、親たちの承認欲求や競争心を取り込む独自のエコシステムとして機能しているのである。

競合他社である日能研もまた、独自のカリキュラムや評価システムを通じて親と子供たちの競争心を煽っている。しかし、サピックス特有の「クラス分け」や「席順」を巡る競い合いが生み出す緊張感とプレッシャーは、日能研には見られない要素である。サピックスの一部の校舎では、テスト結果が直接的にクラスや座席に反映されるため、子供たちは日々の努力が可視化されるだけでなく、親たちにとっても結果が鮮明に示される。この構造が、親たちのライバル心を一層引き出し、日能研が持つ比較的緩やかな評価システムとの差別化を生んでいる。結果として、サピックスは学力向上という目的だけでなく、親と子供の双方に対して「結果を出し続けること」への強烈な動機づけを提供する仕組みを構築している。この緊張感が、日能研などの学習塾とは異なる独特のポジションに押し上げている要因と言えるのだ。

このように、サピックスは学習塾として優れているのはもちろんのこと、一部の親たちの「マウント欲求」をさりげなく満たす場としてその地位を確立している。その影響力は、業界内で揺るぎない存在感を放っており、競争の舞台としての役割を果たし続ける限り、その魅力が衰えることはないだろう。サピックスのシステムは、親たちの熱意と期待を原動力としながら、その「見えない戦場」をさらに活性化させている。この戦場が提供するのは、子供たちの学力向上だけではなく、親たちが教育に注ぎ込む情熱と投資を正当化するための場である。サピックスは親たちの承認欲求を的確に捉え続ける限り、競争の規模と影響力を今後も拡大し続けるに違いない。

NOT A HOTEL：単なる別荘やホテルの枠を超え、「所有する」という行為そのものがアイデンティティの一部となる特別な体験を提供する、国内屈指の急成長スタートアップ

NOT A HOTELは、「世界中にあなたの家を」をコンセプトに、洗練されたデザイ

ンと革新的なサービスを融合させ、不動産ビジネスにこれまでにない価値を創出する急成長スタートアップである。その魅力は、別荘の提供にとどまらず、「所有すること」をライフスタイルの象徴として再定義し、他者との差別化を図る体験を創出している点にある。

まず目を引くのは、その卓越したデザイン性である。NOT A HOTELの物件は、従来のリゾート物件とは趣が異なる存在感を放つ。名だたる建築家によって設計された物件は、もはや建築というよりアートピースそのものである。ミニマルでありながら緻密に計算された外観、大きな窓が切り取る壮大な自然の景観、そして無駄を徹底的に削ぎ落としたエレガントなインテリア――これらすべてが「滞在する空間」として以上に、「所有する喜び」を最大化するための場として設計されている。この空間を手に入れることは、単なる物件購入ではなく、「自分だけの特別な場所」を所有するという自己実現の体験でもある。購入者は、そこに住むたび、自らの慧眼を証明するような優越感と深い自己肯定感を味わうことができる。NOT A HOTELは「所有」という行為を、物理的な所有から「自己のセンスと価値観を表現する舞台」へと変革させたのである。

しかし、その本質はデザインにとどまらない。核心にあるのは、「所有」という概念を根本から再定義する革新的なアプローチだ。物件は完成前の図面段階で販売され、購入者はサブリースを通じてそれを他者に貸し出すことができる。この仕組みによって、NOT A HOTELは別荘でもホテル会員権でもない、全く新しい独自のポジションを築き上げることに成功した。

さらに、所有者が物件を利用しない期間はホテルとして運用される仕組みが整備されており、維持や管理の負担を大幅に軽減することができる。

従来の「所有する」という考え方は「賢く所有する」という新たな価値観へと進化を遂げた。加えて、物件を貸し出すことで、所有者は「自分のセンスを他者と共有する」という満足感を得ることができる。この仕組みは単なる「所有」の枠を超え、物件購入者に新たな自己表現の場を提供している。

こうして、物件を所有する行為は、個人的な優越感を超え、他者とのつながりを生む自己表現の手段へと進化を遂げた。NOT A HOTELは「所有」という行為を物理的・経済的な枠組みから「優越感を演出し、共感を生み出す体験」へと大胆に変容させたのである。

さらに、ＳＮＳでの発信を念頭に置いて設計されている点も見逃せない。滞在者は、その特別な空間を「自分のライフスタイル」としてＳＮＳに投稿することで、「こんな場所で過ごしている自分」をさりげなく演出することができる。これがもたらす効果は非常に大きい。美しいデザイン、洗練された空間、そして独自性——これらを背景にした投稿は他者の関心を惹きつけるだけでなく、滞在者自身の価値を高める自己表現の一環となる。

この巧妙な仕掛けによって、ＮＯＴ Ａ ＨＯＴＥＬに滞在する行為そのものがステータスとして機能し、見る者の所有欲求を自然に刺激する。ＳＮＳを媒介したこの消費者心理の活用は、プロモーションというより新たなブランディングの形であり、革新性を際立たせる重要な要素となっているのである。

「ＮＯＴ Ａ ＨＯＴＥＬを所有する」という行為そのものが、購入者のアイデンティティを形成する格別の体験になっている。これがもたらすのは、「自分は他者とは違う」という確固たる自己認識と、それに伴う深い充足感である。従来の不動産が「所有すること自体」に価値を見出していたのに対し、ＮＯＴ Ａ ＨＯＴＥＬは「所有することの意味」を根本から再定義している。物件の購入は資産形成や利便性のためだけではなく、自らのセンスや価値観を示す象徴的な行為となる。これによって、顧客に自己表現の舞台を提供し、「所有」という行為を文化的かつ感情的な次元へと押し上げているのである。

こうした独自の価値が、NOT A HOTELを他に類を見ない存在へと様変わりさせている。「所有」という概念を軸に新規のライフスタイルを提案することで、不動産というジャンルを超えた、感性や価値観を共有するプラットフォームとしての地位を築きつつある。このアプローチは、不動産ビジネスにおける次なる可能性を切り拓くものだ。物件を提供するだけでなく、「所有すること」を通じた体験価値を顧客に与える姿勢は、従来のビジネスモデルとは明確な違いがある。NOT A HOTELは、所有者の自己表現とアイデンティティ形成の場を提供する存在として、ますます揺るぎない地位を確立していくことだろう。

クライナーファイグリング：「ヨーロッパではすでに定番」というキャッチフレーズで、欧米文化に憧れる日本人に「トレンドの最先端を知る自分」という優越感を提供する体験型アルコールブランド

リキュールドリンクのクライナーファイグリングは、日本市場において巧みに固有のポジションを確立した成功例である。「ヨーロッパではすでに定番」といったフレーズが、日本人の「欧米への憧れ」を刺激し、「このドリンクを知っている自分」を演出するためのツールとして機能している。

ドイツ発祥のリキュールブランドであり、愛らしい小瓶と豊富なフレーバーがパーティーシーンを彩る。しかし、味やパッケージデザインが評価されているのではない。このブランドがそれ以上のバリューとして提供しているのは、「欧米風のライフスタイルを実践

している自分」をさりげなくアピールするための「洗練された優越感」である。まだ馴染みの薄い「ショット飲み」というスタイルを日本に広めることで、「自分は他とは違うセンスを持っている」というメッセージを自然に発信できる手段をユーザーに提供しているのだ。

マーケティング戦略は非常に秀逸で、消費者の心理を的確に突いている。無料サンプリングイベントやインフルエンサーとのコラボレーションを活用し、「まだ広く認知されていないが、知っていると一目置かれるドリンク」というユニークさを醸《かも》し出している。これによって、消費者は「自分はトレンドの最先端を知っている」という感覚を味わい、単なる飲酒体験が「自己表現の場」へと変化する。この仕組みは、まさにMXとして機能しており、消費者は「このドリンクを知っている自分」をそれとなく表現するための強力なツールを手に入れている。

特筆すべきは、SNSを意識したビジュアル戦略だ。手のひらサイズのカラフルな小瓶は、そのまま並べるだけで映える素材として抜群の効果を発揮する。パーティーシーンやカラフルなショットをSNSに投稿することで、「欧米風のパーティースタイルを楽しむ自分」を何気なくアピールすることができる。この戦略は、「自分も試してみたい」といった好奇心を引き出し、フォロワーを巻き込むことで、クライナーファイグリングを「パーティーのお供」としてのポジションに引き上げることに成功している。

このブランドの真の巧妙さは、消費者の無意識の欲求を軽やかに引き出している点にある。クライナーファイグリングは、飲み物としてだけではなく、「知っていると少し自慢できる」体験を提供することで、人々の心を摑んでいるのだ。特に「欧米風」を意識した商品や体験が受け入れられやすい日本市場において、「自分は他者よりも一歩先を行っている」という優越感を刺激することで、独特の存在感を放っている。この戦略は、「所有することで他者との差を示したい」という消費者心理を繊細に捉えた見事な成功例と言える。

クライナーファイグリングは「単なるリキュール」に収まらない、「所有することで自分をアピールできるプロダクト」として新たな価値を創出した。消費者は飲料を楽しむだけでなく、その商品を通じて自己表現を行い、他者との差別化を図ることができる。クライナーファイグリングは飲料としての価値以上に「体験価値」を提供し、MXの好例として、日本市場におけるその地位を揺るぎないものにしているのである。

第4章

マウント欲求を起点とする事業アイデア

～日本が目指すべきは、テクノロジー競争ではなく、「マウンティング発のイノベーション」～

日本が直面する「低成長時代」――これまでの成長戦略は限界を迎え、まさに抜本的な変革が求められる局面にある。特にテクノロジー分野で優位性を誇る米国や中国がグローバル市場を席巻する中で、日本企業が生き残るためには、新たな競争軸を見出すことが急務となる。その突破口となり得るのが、本書で繰り返し提案してきた「マウント欲求」を起点としたイノベーションである。

従来の市場競争は性能や機能の充実、価格競争力といったわかりやすい価値基準に依拠《いきょ》してきた。しかし、成熟市場においては消費者の価値観そのものが大きく変化している。求められているのは、所有や利便性ではなく、「自分だけが特別な存在である」と実感できる体験だ。重要なのは、製品やサービスそのものよりも、それを通じて得られる優越感や自己価値の再確認である。この「マウンティングエクスペリエンス（MX）」こそが現代における競争力の核心であり、日本企業が再び世界市場で輝くための重要なポイントとなる。

これからの日本企業が目指すべきは、テクノロジーや機能性だけに頼らず、消費者の深層心理に働きかける体験価値を提供することだ。たとえば、製品が「優れている」と評価されるだけでなく、「これを所有することで他者との差異を演出し、自分の存在意義を確認できる」という視点で消費者に対してアプローチする必要がある。

本章では、このMXを基軸に据え、事業を再構築するための具体的な戦略を提案する。それは、停滞した市場から脱却し、経済大国ニッポンへと返り咲くための実践的な指針となるだろう。これらの戦略を採用することで、日本企業は「低成長の時代」を乗り越え、その先の可能性を切り拓くための道筋を鮮明に描けるようになるはずだ。

マッチングアプリでは得られない「自然な出会い」を実現し、「出会いの大義名分」を提供するランニングコミュニティアプリ

「出会いはアプリです」と堂々と言える時代になった一方で、マッチングアプリ特有の「婚

活臭」に抵抗を感じる人も少なくない。「アプリで結婚相手を探しているなんて必死に見られそう」「そんな自分を知られるのは恥ずかしい」——こうした心理が、便利なはずのアプリの利用をためらわせているのだろう。そこで提案したいのが、ランニングを通じた自然な出会いを提供するこのランニングコミュニティアプリだ。

このアプリの最大の魅力は、「ランニングを楽しむ」という建前を保ちながら、「自然な出会い」を適切に演出するという点にある。「スポーツ好きのための婚活アプリ！」といった露骨なアプローチを避けることで、利用者が「婚活している人」と見られるリスクを排除する。それどころか「健康的で趣味を楽しむ自分」をさりげなくアピールできる場としても機能する。友人や同僚に「ランニングアプリを始めた」と話せば、「意識高いね」と感心されることすらあるだろう。この絶妙なポジショニングこそが、このアプリを特別な存在へと押し上げる。

さらに、「偶然の出会い」をそれとなく再現する設計となっている点も見逃せない。週末の朝にランニングを楽しみ、その後のカフェタイムでたまたま会話が弾む。ランニングという共通の趣味が「フィルター」となり、初対面の緊張を和らげ、自然な親近感を生み出している。この仕組みによって、従来のマッチングアプリが持つ「無機質な出会い」のイメージを完全に払拭し、利用者に「特別感のある偶然」を提供するのだ。

特筆すべきは、このアプリが出会いだけではなく「物語」を提供している点だ。「ランニングイベントでたまたま知り合ったんだ」というナチュラルなエピソードが、出会いそのものを見事に格上げしている。SNSで「#趣味仲間」や「#偶然の出会い」といったタグを添えて投稿すれば、「アプリで知り合いました」と直接的に言わなくても済み、上品で洗練された印象を演出できる。この「偶然を装う余白」が現代の消費者心理に訴えかけ、深い満足感を生むのだ。

また、「婚活」という言葉を完全に排除し、心理的なハードルを下げている点も、このアプリの特長を際立たせる。合同ランニングイベント、初心者向けワークショップ、マラソン大会へのチーム参加など、多彩なプログラムが用意されており、「ただ走るのが楽しいから」と気軽に説明できる。このカジュアルさが、「結果を出さなければ」というプレッシャーを取り除き、自然体での交流を可能にするのだ。

このランニングコミュニティアプリを利用するであろう人の心理的背景には、「マッチングアプリではなく、自然な形で出会いたい」という潜在的な願望がある。「出会いそのもの」ではなく、「出会い方の物語」をデザインすることで、新たなＭＸを築き上げているのだ。

このアプリの本質は、人と人をつなげるだけでなく、その出会いをより自然で魅力的な物語へと様変わりさせる点にある。現代の出会い文化にさらなる選択肢を提示し、これまでにない体験価値を提供する。この革新的なアプローチは、多くの利用者にとって「ただのランニング」以上の特別な経験となり、さらに多くの人々を魅了していくだろう。

先祖の物語を紐解くことで、自らのアイデンティティを再発見し、他者と差をつける体験を提供する家系図作成サービス

現代において、物質的な豊かさはもはや人々の最優先事項ではない。むしろ、今求められているのは、より深い自己認識と、それによって満たされる自尊心の充足である。このニーズに応える一つの方法が「家系図作成サービス」である。

家系図の作成は、過去の記録を辿る行為にとどまらない。それは、自らのルーツを再発見し、「自分は特別な血筋に属している」という意識を高めることで、自尊心を満たすためのプロセスでもある。たとえば、「僕の先祖は武士だった」「私は平安貴族の末裔《まつえい》だ」といった「末裔マウント」がSNSで次々と披露され、他者との差異を演出する自己表現の手段として機能する。この現象は、個人のアイデンティティと承認欲求を巧みに結びつけた、新時代の消費体験の形を象徴しているのだ。

このサービスの真の魅力は、家系図の提供だけに収まらない。たとえば、「家系図コーチング」と称し、戸籍から掘り起こしたファミリーヒストリーを深掘りし、利用者の人生に新たな意義を与える取り組みが行われる。ある顧客が「夫の家系を調べたら戦国時代の名将につながっていた」というエピソードを友人や家族に語れば、「自分はただの平凡な存在ではない」という深い満足感を得ることができる。これにより、消費者のアイデンティティそのものを強化する仕組みが成立するのだ。

さらに、2024年3月に施行された戸籍広域交布制度の導入により、これまで煩雑だった戸籍取得が格段に簡便化された。この変化により、より多くの人々が手軽に自分のルーツを探索できるようになった。「うちの先祖は実は身分が高かったのではないか」「自分のルーツを知るって、想像以上に感慨深い」という気づきが得られ、家族との絆を再認識し、人生に新鮮な視座を提供するのだ。

また、「開運サポート」という精神的な側面でも充実したサービスを提供する。先祖の歴史を知り、彼ら/彼女らの愛や努力に思いを馳《は》せることで、「自分の運命を切り拓く手段」を見出す感覚を提供しているのだ。「日本人が日本人としてのルーツを再発見する」という物語性が強調され、利用者に深い精神的充足をもたらす。

さらに、この家系図作成サービスは国内市場にとどまらず、グローバル市場への展開を視野に入れる。日本発のサービスとして、「ルーツの重要性」を世界に広め、「自分は唯一無二の存在だ」と感じられる体験を提供する。このアプローチは、国境を越えた市場を切り拓き、未来の消費文化を牽引する原動力となる可能性を秘めている。

家系図作成は、現代人の自己肯定感を高め、社会的なアイデンティティを強化する消費体験として支持を集める。「私は特別な血筋を受け継いでいる」という優越感を提供し、他者との差異を際立たせるこのサービスは、未来の市場を間違いなく牽引していくだろう。

インドの急成長スタートアップでのインターン経験を通じて、「映えるハードシングス」を手に入れることができる就活生向けキャリア支援サービス

現代の就活市場では、ありきたりなインターン経験では太刀打《たちう》ちできない時代が到来している。求められるのは、他者と明確に差別化できる「映えるハードシングス」の体験だ。職務経歴書に記載したとき、面接官の目を釘付けにし、強烈な印象を残すエピソードこそが、就職戦線を勝ち抜く秘訣だ。そのために、あえて混沌と活力に満ちたインドへ飛び込

み、サバイバル体験を自らの武器にする——これこそ、このサービスが提供する本質的な価値なのである。

就活の現場では、デスクワークやルーティン業務の経験に誰も興味を示さない。「データ入力をしていました」「書類整理を担当しました」といったエピソードでは、面接官の心を動かすことはできない。しかし、「インドのスタートアップで新規事業の立ち上げを任され、現地スタッフと格闘しながらプロジェクトを成功させました」と語ったらどうだろう。その瞬間、面接官の目は輝き、話に引き込まれるのは間違いない。他の就活生には決して真似できない、圧倒的なユニークさを実現するのだ。

このサービスが提供するのは、単純な「海外インターンシップ」ではなく、本物の「ハードシングス」の体験だ。インド特有の混沌とした環境——突然の停電、交通渋滞、クライアントの予測不能な行動——こうした状況を乗り越えた経験は、職務経歴書の一行を強烈なストーリーに変える。これらの試練が、「自分は困難を乗り越えた」という確信と、「かけがえのない経験を積んだ」という自信を育むのだ。

さらに、インドのスタートアップでの経験は、「ただの海外経験」以上の価値を提供する。

異文化の中でのチームビルディング、予期せぬトラブルへの対応力、限られたリソースの中で創造性を発揮する能力が自然と鍛えられるのだ。たとえば、突然スタッフが数日間休暇を取り、プロジェクトが中断する――そんな想定外の状況を乗り越えるたびに、問題解決力とリーダーシップが磨かれていく。こうした経験を語ることで、職務経歴書は経歴ではなく、もはや「優れた物語」として輝きを放つのだ。

また、このプログラムの大きな特徴は、現地の起業家やスタートアップCEOとの直接対話が可能な点にある。成功を摑んだ若手起業家やリーダーとの交流を通じ、「ビジネスの現実」を肌で感じることができる。この経験により、学生としてではなく即戦力としての存在感をアピールすることが可能となるのだ。

もちろん、インドでの生活は決して楽ではない。酷暑、スパイシーな食事、日本とは比べものにならない衛生環境、そして次々に訪れる予期せぬトラブル……。それでも、この過酷な環境を「生き抜いた」という経験そのものが、就活市場における最強の武器となる。「インドのスタートアップでこんな困難を乗り越えました」と語るエピソードは、他にない説得力や具体性を持つのである。

就活の本質は「自分をいかに差別化できるか」の競争である。優秀な成績や無難なインターン経験だけでは、その他大勢の候補者と横並びにしかならない。だからこそ、未知のインドに飛び込み、リアルなハードシングスを体験することが、未来を切り拓く最強の一手となるのだ。

慶應義塾大学出身者限定の超高級老人ホーム
～「慶應の魂」を胸に、人生の集大成を称えるための最高峰のステージ～

人生の最終章をどこで、どのように過ごすのか。この問いは、誰もが避けて通ることのできない永遠のテーマである。その答えの一つとして提案するのが、「慶應義塾大学OB・OG限定老人ホーム」である。一見すると突飛な発想にも思えるが、これは現代社会の「マウント欲求」を巧みに捉えた、洗練されたビジネスモデルだ。「慶應ブランド」を纏《まと》い、人生の終幕を誇り高く彩るこの施設は、選ばれた者にふさわしい究極のライフステージとして注目を集めるはずだ。

館内に一歩足を踏み入れると、そこは「慶應ワールド」が広がるユニークな空間だ。応援歌「若き血」が静かに流れる中、内装は慶應カラーで統一され、随所に上品な三田会グッズが配置されている。シアタールームでは福沢諭吉の言葉が映像で無限再生されており、「学問のすゝめ」の精神が息づく知的で深遠な時間を提供している。ここでは、ノスタルジーのみならず、現役時代の輝きを呼び覚ます仕掛けが至るところに施されている。

レストランでは、一流シェフによる季節のフルコースに加え、懐かしの「三田カツサンド」が供される。ヴィンテージワインが並ぶセラーには、財界の大物たちから寄贈された銘品も揃い、ディナーパーティーは美食と知性が交錯する格別なひとときだ。洗練された会話が繰り広げられるこの時間は、食事をすると同時に、「慶應の誇り」を共有する場としての機能を果たしている。

この老人ホームの部屋のグレードを決めるのは、三田会への寄付金額というルールだ。

寄付実績が高いほど広く快適な部屋が割り当てられる仕組みで、最上階のスイートルームに住むのは、財界や政界の大物たち。かつて社会の最前線で輝きを放っていた彼ら／彼女らは、ここでも「選ばれし者」としての地位を誇りながら優雅な日々を過ごす。

知的刺激と文化的体験を提供する点も、この施設の特筆すべき魅力だ。現役の慶應生が定期的に訪れ、入居者がメンターとしてアドバイスを行うセッションや、慶應出身のミュージシャンによるシークレットライブが開催される。これらの交流は、入居者に「まだま だ現役」という感覚をもたらし、人生の後半戦に豊かさを付与する。また、施設では毎年「三田祭」を模したイベントが行われ、懐かしい青春時代を振り返りながら仲間たちと貴重な時間を共有することができる。

この老人ホームは、単なる終《つい》の棲家《すみか》ではない。人生の最終章においても「自分は他者とは違う」という優越感を享受できる場所である。「最後まで選ばれた存在でありたい」という深層心理に応え、慶應の誇りとともに人生を締めくくる。その時間は、まさに人生の集大成にふさわしい「最上級のステージ」そのものである。

小学生向け米国トップ大学視察ツアー
～アイビーリーグの知的な空気を肌で感じ、幼少期から世界最高峰の学びに触れる特別な体験を提供～

小学生を対象とした米国トップ大学の視察ツアー。これを耳にして、「そこまでする必要があるのか？」と首をかしげる人もいるだろう。しかし、この企画の中には、現代の親たちの「マウント欲求」を的確に捉えた、極めて戦略的なビジネスの可能性が隠されている。幼い頃から世界最高峰の学びに触れさせ、「うちの子は未来のハーバード生」とSNSで誇る姿を想像すれば、その需要の確かさは疑いようがない。

ハーバードやイェールといった名門校を訪れること自体が、親にとって「ステータスシンボル」として機能する。ただの家族旅行では満足できない層が、「子供に本物の世界を見せる」という高尚な理由を掲げ、わざわざ米国へと足を運ぶ。そして、その光景をインスタグラムに投稿し、「#未来のハーバード生」「#グローバル教育」といったハッシュタグを添えることで、フォロワーから羨望の視線を集める。これは、SNS時代ならではの「親マウント」の究極形と言えるだろう。

子供たちは現地の学生ガイドに案内されながらキャンパスを巡り、アイビーリーグ特有の知的な空気を肌で感じる。さらには、名門大学の教授による特別レクチャーを受ける機会も設けられており、「アメリカの大学の講義ってこんなにすごいんだ！」という感動の瞬間が用意されている。親たちはその姿を誇らしげに見つめ、「我が子がこの場で学ぶ未来」を夢見て胸を躍らせる。

ツアーの目玉は、それだけにとどまらない。「エリート育成プログラム」と銘打たれた一連のアクティビティは、親たちの期待をさらに膨らませる内容となっている。名門校卒業生との交流会や、アメリカ式ディベートの実践、模擬入試セッションなど、特別感が溢れるプログラムが用意されており、「日本の教育だけでは物足りない」と感じる親たちにとって、これ以上ない魅力となっている。「うちの子は将来ハーバードを目指せるかも」

との希望を抱かせるこの体験は、旅行というより、「未来への投資」として親たちに受け入れられるのだ。

このツアーが実際に子供の将来にどれほど具体的な効果をもたらすのかは、それほど重要ではない。本質は、「我が子は他の子とは違う」という優越感を親が得ることにある。この体験を通じて、同じ価値観を共有する親同士のネットワークが広がり、さらに次なる競争が生まれる。この連鎖を生み出すことこそが、このビジネスモデルの核心なのである。

子供にとっても、このツアーは一生の記憶として残るだろう。名門大学の校舎を背景に撮った一枚の写真は、その後の人生においても象徴的な意味を持つ。親はその写真を眺めながら、「将来、受験エッセイの題材にも使える」とほくそ笑む。「10歳のとき、ハーバード大学で得た刺激が、自分の学びへの意欲を高めました」——そんなエピソードを語れるだけで、十分なインパクトを生む。

このツアーが提供するのは、「未来の成功」ではなく、「今この瞬間の満足感」だ。「自分は他の親とは違う」「うちの子は他の子とは違う」という矜持《きょうじ》を与える体験——それこそが、小学生向け米国トップ大学視察ツアーが提供するＭＸの核心である。

飛距離ではなく、豪快な打球音と爽快な打球感に全性能を注ぎ込んだゴルフドライバー

〜最先端の音響工学を駆使し、プレイヤーの心を震わせる一打を実現〜

ゴルフではこれまで「飛距離」が実力の証の一つとされてきた。しかし、プレー中に周囲へ与える最大のインパクトは、一打でコース全体に響き渡る「打球音」にある。豪快な音がティーグラウンドに鳴り響く瞬間、プレイヤーの存在感やパワーが一段と際立つ。「飛距離ではなく音で勝負する」――これがゴルフに今まではなかった魅力をもたらす新しい楽しみ方だ。

この発想から生まれたのが「打球音特化型ゴルフドライバー」だ。音響工学の最先端技術を駆使して設計されたこのドライバーは、まるで高性能な楽器のよう。フェースに採用

された特殊な合金が、インパクトの瞬間に力強く洗練された低音を響かせる。その音は、一打ごとにプレイヤーの存在感を際立たせ、まるでプロゴルファーのような注目を集める。「打球音」は、飛距離争いに疲れたゴルファーにとって、次のステージの自己表現の手段となる。静まり返ったティーグラウンドに響き渡る豪快な音。その瞬間を思い浮かべてほしい。ただ飛ばすだけではなく、「音でも勝負する」という満足感を味わえる。他のプレイヤーが振り返り、「今の音、誰だ?」と注目を集める。その一瞬こそ、このドライバーが生み出すゴルフの醍醐味だ。

スコアや飛距離に自信がないゴルファーにも最適だ。初心者でも豪快な打球音を響かせるだけで、熟練プレイヤーのような存在感を放つことができる。「スコアはまだまだだけど、あの音はすごいね」と言われることで、自己肯定感が高まり、ゴルフがより一層楽しくなるだろう。

さらに、このドライバーを軸にした「打球音コンペ」やイベントの開催も計画する。ゴルファーが爽快な音を披露し、競い合う場を提供することで、このドライバーは一味違う体験価値を生み出し、新時代のゴルフ文化を築いていく。ゴルフはより一層個性豊かで楽しみ方の幅が広いスポーツへと進化する。

「打球音」という価値観を手に入れることで、ゴルファーは自身のプレースタイルに独自性を加えることができる。「他とは違う自分」を演出する。それこそが、現代のゴルファーが求めるMXであり、このドライバーが提供する魅力なのだ。

出版直後の著者に「しっかり読み込んでいます」とスマートに伝えられる「映える付箋」

～大量に貼られているように見えて、実は複数枚がセットになった効率的な仕組みで「読み込んだ感」を演出～

書籍を出版した直後の著者インタビュー。その場で記者がびっしりと付箋《ふせん》が貼られた本をちらりと見せるだけで、「この人は準備が違う」と著者に対して強い印象を与える。特に新作を発表したばかりの著者にとって、自分の本が真剣に読み込まれているという事実は、予想以上に心に響くものだ。インタビュー相手が内容をどれほど理解しているかだけでなく、「どれだけ本に向き合ったか」という姿勢そのものが、著者からの信頼と評価を最大限に高める。

たとえば、ある経営者が新著を発表し、その本をカラフルな付箋だらけにした状態で持参する記者と対面したとする。著者はその光景を見ただけで、「この記者は本気だ」と感じ、心を開く。インタビューが始まる前から、「あなたの言葉には価値があり、私はそれを真剣に受け止めています」という無言のメッセージが伝わるのだ。この瞬間、信頼が確立され、対話はより深みのあるものになる。

こうした徹底した準備は、著者だけでなく周囲にも強い印象を与える。記者会見の場では、カラフルな付箋が貼られた本がひときわ目を引き、多くの人の視線を集める。それによって「この記者は格段に高いプロ意識を持っている」と思わせる謎の存在感が生まれる。付箋の数や整然とした配置は、整理術としてだけでなく、「私は他の記者とは違う」という視覚的なメッセージとして機能するのだ。

オフィスや会議の場でも、意外な効果を発揮する。デジタル化が進む現代だからこそ、手間のかかるアナログなものを使うことで「手を動かし、真剣に向き合っている」という姿勢を示すことができる。画面越しに付箋だらけの本が映るだけで、「あの人、本気だな」と自然に思わせる力がある。このように「真剣な姿勢」を無言で示し、相手の心に響く絶好のアピールとなるのである。

ただし、使い方にはセンスが求められる。色や配置を誤ると、「派手で押しつけがましい」と受け取られるリスクがある。だからこそ、上品で洗練された貼り方を心がけたい。目立たせすぎず、自然な形で「準備が行き届いている」と感じさせることが重要だ。付箋が単なる整理ツールから、「真剣な姿勢」を示すアイテムへと昇華する瞬間である。

この「映える付箋」の魅力は、大げさに見せずさりげなくアピールできる点にある。「ここまで準備しています」と押しつけがましくなく示しながら、「この人、抜かりない」と相手に思わせる。こうした控えめながら効果的な演出こそ、付箋というアナログツールの隠れた価値なのである。

だからこそ、単純な文房具としての枠に収まらず、「私は他者とは違う」という優越感を演出するツールとなる。インタビューや会議の場で何気なく使うだけで、あなたの〝本気〟が確実に相手に伝わり、信頼と共感を引き寄せるだろう。

幼少期から磨いてきたピアノの腕前を、自然な形で披露できるダイニングカフェバー
～音楽の才能と教養をさりげなくアピールしたい人のための特別な空間～

幼い頃に習ったピアノ。その腕前にはそこそこ自信があっても、披露する機会がない。「今さら人前で弾くなんて……」とためらいながらも、どこかでそのスキルを活かしてみたい――そんな大人たちの隠れた願望をそっと叶えるために誕生したのが、この「ダイニングカフェバー」である。ここは、ただの飲食店ではない。気軽にピアノ演奏を楽しむための特別な空間だ。

金曜の夜、仕事帰りにふらりと立ち寄ったバー。カウンターでカクテルを片手にひと息

ついていると、視線の先に置かれたピアノが目に留まる。近づいてみると、それがスタインウェイやベヒシュタイン、ベーゼンドルファーといった世界三大ピアノの一つだと気づく。その瞬間、胸が高鳴る。「これ、弾いてもいいんですか?」と控えめに尋ねると、スタッフが「もちろん、ご自由に」と微笑む。少し緊張しながら鍵盤に触れると、店内に美しい音色が響き渡る。クラシックの名曲からジャズの即興演奏まで、その日の気分次第で好きな音楽を奏でる自由。演奏が終わると、温かい拍手が聞こえ、照れくささとともに心がじんわりと満たされる。

このバーの魅力は、何よりも「肩肘《かたひじ》張らずに楽しめる」ことだ。「どうだ、俺の腕前」と誇示する必要は一切なく、自然体で音楽を存分に楽しむことができる。友人との会話の中で「少しだけ弾けるんだ」と言いながらピアノに向かい、さらりと一曲披露する。その何気ない仕草が、このバー独特のリラックスした空気感を創り出している。

演奏を楽しむだけでなく、料理や飲み物も一流だ。季節の素材を活かした料理や、趣向を凝らしたカクテルが揃い、五感すべてで特別な時間を堪能できる。「ただ食事をするだけでは物足りない」という大人たちが自然と集まり、共通の趣味を通じた会話が弾む。そこから生まれるつながりが、日常にささやかな彩りを添えてくれる。

さらに、定期的に開催される「ピアノナイト」も、このバーの人気を支える要素だ。事前予約で演奏時間が確保されるが、ここで求められるのは「楽しむ心」であり、完璧さではない。「少しミスしても大丈夫。リラックスして弾いてください」という雰囲気が、演奏者を優しく包み込む。観客もまた、温かいまなざしで耳を傾ける。名器から響く音色が、演奏者の背中をそっと押し、特別な体験を与える。

このバーが提供するのは、「昔の努力が今に活きている」と実感する瞬間や、「こんな才能がまだ自分に残っていたんだ」と気づく喜びだ。これらの体験は、他では得られない貴重なものとなる。

ピアノを弾きながら、「まあ、これくらいなら」と遠慮がちに振る舞いつつも、心の中では「どうだ、見たか」と密かにほくそ笑む。その小さな優越感が、なんとも言えない心地よさをもたらす。そしてその心地よさをもう一度味わいたくなり、週末ごとにこのバーを訪れる。ここはただの飲食店ではない。大人たちの隠れた自尊心をそっと満たし、人生に小さな輝きを添えるまたとない舞台なのである。

スタートアップ起業家と自民党ＯＢをつなぐ官民連携マッチングサイト

スタートアップ界隈で「永田町」という言葉を耳にする機会が増えている。「自民党主催の会議で政策提言をしてきました」「自民党の有識者会議に呼ばれて行ってきました」といった発言やＳＮＳ投稿は、もはや珍しいものではなくなりつつある。「申し訳ありません、自民党から呼び出しをくらいまして、お先に失礼いたします」と会議中に席を立つ光景には、もはや特権的な空気すら漂う。かつては遠い存在だった「永田町」が、スタートアップ経営者にとっても手の届くものになりつつある現状を象徴するシーンと言える。

政治がスタートアップ界隈に近づいた背景には、ロビイングや政策提言以上の意味が隠されている。「自民党に政策提言すべく、永田町に行ってきた」という投稿には、明示されていなくとも「自分には政治的なコネクションがある」「自分は国の行く末を左右する政策立案に影響を与える立場にある」という暗黙のメッセージが込められている。このような行動や発言は、情報発信をすると同時に洗練された自己演出として機能しており、スタートアップ経営者が厳しい競争の中で存在感を示すための有効な手段となっている。

このような現象を踏まえると、「スタートアップ起業家と自民党OBをマッチングさせるサービス」というビジネスアイデアは、現代のニーズを的確に捉えた画期的な取り組みと言えるのかもしれない。このサービスの本質は、自民党OBが持つ豊富な政治経験や広大なネットワークとスタートアップ経営者が求める「政治的影響力」を相互に結びつける点にある。

元国会議員という肩書きが持つ重みは、日本社会において特異な価値を持つ。一方で、引退後の自民党議員には、その経験や人脈を活かせる次の活躍の場が限られているのもまた事実だ。このサービスは、OBたちの経験を次世代に引き継ぎ、スタートアップ経営者に政策提言や自治体との連携という強力な武器を提供する。双方にとって有益な関係を築くこの仕組みは、単なるマッチングを超えた新たな可能性を秘めている。

たとえば、新規の補助金制度の導入を目指すスタートアップがあるとしよう。自民党OBのネットワークを活用すれば、政策議論の場に参加する機会を得たり、自治体との交渉をスムーズに進めたりすることが可能となる。さらに、「今日は永田町で議員の先生と意見交換してきました」といったSNS投稿を通じて、実際の成果以上に「自分たちは他の新興企業とは違う」という印象を周囲に対して与えられる。

この「自分たちは特別なポジションにいる」という自己イメージを強化できる仕組みが、このサービスの隠れた価値である。具体的な成果が伴わなくとも、影響力のある人物との関係性を可視化するだけで、スタートアップ企業としてのステータスを引き上げることができるのだ。

一方、自民党OBに対しては、このサービスは次の挑戦に向けた機会を提供する。現役時代に培った経験やネットワークを若手起業家の支援に活かすことで、「まだまだ社会的に影響力を持つ自分」を実感する機会となる。次世代との協力を通じて新プロジェクトに関与することは、自身の存在意義を高めると同時に、現役時代とは異なる形での社会貢献を果たす場となるのだ。

さらに、若手起業家を支援する中で、彼ら／彼女らの成功が自民党ＯＢ自身のステータスへと還元される仕組みも、このサービスの魅力である。ＯＢたちがサポートした挑戦が実を結び、それが社会に広がる光景を目の当たりにすることで、引退後も積極的に社会に関わり続ける意義を再確認できる。

もちろん、こうした取り組みに対して「コネ頼み」や「政治とビジネスの癒着」といった批判が出るのは避けられないだろう。しかし、政治関係者と良好な関係性を構築し、それを建設的に活用することは、現代のビジネスにおける必要不可欠なスキルである。このサービスは承認欲求を満たすためだけの仕組みではなく、それを起点とした付加価値を創造するプラットフォームとして有効に機能するのである。

「スタートアップ起業家と自民党ＯＢをマッチングさせるサービス」は、日本特有の文化や価値観を活かし、個人と社会に便益をもたらすビジネスモデルである。現代社会の課題に応える仕組みを提供するこのサービスは、「マウント起点の価値創造」として日本の未来を担うに違いない。

新郎・新婦が保有するビットコインを担保に結婚資金を調達できる新時代のブライダルローン

結婚式は「一生に一度」という魔法の言葉のもと、何かと出費がかさむイベントである。理想の披露宴を実現するため、ブライダルローンを利用するカップルも増えている。現在、利用者は結婚式を挙げる人の約3%と言われるが、その数は年々増加中だ。その背景には、「特別な一日を最高の形で迎えたい」という花嫁の切実な思いがある。

特に、「グラハイ花嫁」や「パレス花嫁」といったラグジュアリーホテルでの披露宴が人気を集める今、理想の結婚式を実現するには相応の予算が必要だ。「一生に一度だから」と奮発する気持ちは理解できるものの、貯蓄だけでは賄えないケースも少なくない。意外なことに、世帯年収1500万円を超えるようなパワーカップルでさえ、「含み益のある株式やビットコインを売却したくない」という理由からブライダルローンを利用することがあるという。

こうしたカップルの中には、浪費癖が原因で貯蓄がほとんどないケースも少なくない。その結果、プロフィールムービーを自作したり、一部の演出を手作りで賄ったりしながらも、豪華な式場や一流のケータリングには一切妥協しない。式当日、花嫁は「こんな盛大な結婚式を挙げてもらえるほど自分は愛されている」「これほど多くの人に祝福されるなんて、私は幸せで恵まれている」といったリア充感を存分に楽しむ。これは人生の特別な一日を華やかに彩る自己表現の一部とも言えるだろう。

ここに、ビットコインを担保にしたブライダルローンという選択肢が加われば、結婚式事情はさらに興味深い展開を見せるだろう。資産の大半を株式や暗号資産で保有するカップルにとって、この仕組みは、それらを売却せずに理想の結婚式を叶えるための現実的な手段となる。特に暗号資産の価格が高騰している時期には、「今はまだ手放したくない」という心理が働き、このローンの魅力がより一層高まるに違いない。

さらに、ブライダルローンを組んだ後の活用法にも注目できる。金利が比較的低いことを活かし、ローンはそのまま維持しつつ、ご祝儀をビットコインに再投資するカップルも出てくるだろう。一見するとリスクの高い選択に思えるが、これが「私たちは金融知識に長けたスマートなパワーカップル」としての新たなマウント要素を生み出す可能性もある。

一方で、「ブライダルローンなんて……」と眉をひそめる人もいるかもしれない。それでもなお、このローンを利用するカップルの数は増え続けるだろう。結婚式が単なるセレモニーではなく、自己表現や人生の節目としての意味をますます深めている現代において、一部のパワーカップルにとって豪華な式を挙げることは、「自分たちの価値」を示すための有効な手段となっているのだ。

特にSNS全盛の時代において、この価値はさらに増幅される。「こんなに豪華な結婚式を挙げた私たちは特別な存在だ」という感覚が、投稿を通じて広がり、多くの人々の共感や賞賛を呼び起こす。結婚式は、自己ブランディングのための舞台として鮮やかに機能しているのである。

こうした仕組みは、金融機関にとっても新たな顧客層を取り込む有力な商品となり得る。

特に若い世代にとって、ビットコインを担保にしたブライダルローンは、伝統的な金融商品よりも親しみやすく、未来志向のイメージを強く持つだろう。一方で、金融リテラシーや暗号資産に関する知識が十分でない人々に対しては、「私たちもこんな最先端の仕組みを活用できるんだ」という新しい気づきを与える、教育的な役割を果たす可能性がある。

　このローンの登場は、結婚式を挙げるカップルだけでなく、社会全体に「未来への希望」と「個人の価値」を示すための象徴的なメッセージとなる。「一生に一度」の結婚式をいかに格別なものにするか。その問いに対する新たな答えとして、ビットコインを担保にしたブライダルローンという革新的な発想が注目を集めるだろう。

第5章

イノベーションを「技術の革新」から「欲求の革新」へと再定義する

米国企業に「マウント欲求」を完全にハックされてしまったことが日本経済衰退の真因

〜デジタル赤字の本質は「マウント赤字」である〜

私たちは最新のｉＰｈｏｎｅを手に入れるためにアップルストアに並び、スターバックスでＭａｃＢｏｏｋを開いて自らのライフスタイルを演出する。しかし、この現象をデバイスの性能やデザインの優秀さだけで説明するのは不十分だ。実際には、「これを所有することで他者よりも一歩先を行く存在だと思われたい」という深層心理、つまり優越感への渇望がその背景にはある。この欲求を巧みに見抜き、刺激しているのが米国のテック企業である。

アップル、メタ、テスラ——これらの企業は、消費者の欲望を鋭く捉え、緻密に設計されたエコシステムを武器に市場を席巻している。iPhoneやMacBookの新作が発表されるたび、多くの人が「最新モデルを持っていない自分」に不安を覚え、買い替えを急ぐ。その根幹にあるのは、新機能への合理的な期待ではない。「より新しく、より先進的な自分」を他者に示したい――その潜在的な欲望こそが、人々を突き動かしているのだ。

対照的に、日本企業はどうだろう。かつてソニーやパナソニックは、卓越した技術と品質で世界をリードしていた。しかし、その輝きは今や色褪《いろあ》せつつある。問題の本質は、技術力が衰えたことではない。米国企業が消費者の「マウント欲求」を的確に捉え、それをビジネスに組み込んでいるのに対して、日本企業はその競争に参加すらできていない点にある。

現代の消費者が本質的に求めているのは、性能や品質だけではない。「これを所有することで他者よりも優れている」と感じられる体験こそが、製品の価値を決めるのだ。しかし、日本企業は依然として「高性能であれば売れる」という旧来の価値観に囚われ、心の奥深くにある欲求を見逃しているのではないか。このままでは、米国企業と対等に渡り合うのは難しいだろう。

　結果、日本の消費者は次々と米国製品へと流れ、高品質でありながらも「優越感」を提供できない日本製品には見向きもしなくなった。かつて「技術立国」としての誇りを掲げていた日本だが、今やブランド力やライフスタイルの競争で惨敗を喫している。現代の市場で勝つためには、技術的な優位性だけでは不十分だ。「他者との差別化」を象徴する製品が不足していることこそが「デジタル赤字」ならぬ「マウント赤字」を生み出している根本的な原因なのである。

　日本企業は優れた技術力を誇りながらも、「所有することで得られる優越感」を創り出せず、消費者心理を巧みに捉えた米国企業に市場を奪われた。その結果、国内市場は縮小し、その技術力を活かす場を失い、苦境に立たされている。

　では、この状況を打破するにはどうすればよいのか。繰り返すがそれは、機能の向上だけに頼らず、「これを持つことで自分が特別な存在だ」と感じさせる体験を創造することである。「マウント欲求」に寄り添い、「この製品を持つことで誇らしい自分を演出できる」という感覚を提供する戦略が、今こそ必要不可欠なのだ。

これからの日本企業は、「優れた技術を持っている」という事実に甘んじてはいけない。その技術をいかにして消費者の深層心理にある欲求と結びつけ、感情的な共鳴を生み出すかが重要なポイントとなる。技術の価値を「機能の高さ」だけにとどめず、「これを所有することで得られる特別感」として再定義すること。それこそが、日本の技術力を再び世界市場で輝かせ、「マウント赤字」からの脱却を果たすために残された道なのである。

イノベーションとは「技術の革新」ではなく「欲求の革新」である
～当たり前を疑い、ゼロから欲求を再構築することで生まれる変革～

「イノベーション」という言葉を耳にすると、多くの人は「技術革新」を思い浮かべる。ＡＩ、ロボティクス、量子コンピューター——これらは確かに未来を大きく変える可能性を秘めた技術だ。しかし、ここで立ち止まり、もう一度考えてみたい。本物の「革新」とは、技術の進化だけを指すのだろうか。私たちは「欲求の革新」という、もう一つの本質的な側面を見落としてはいないだろうか。

iPhoneが登場したとき、その革新性に多くの人が熱狂した。しかし、アップルが成し遂げたのは、「電話にカメラをつける」や「インターネットを持ち歩けるようにする」といった技術的進化だけではなかった。アップルが捉えたのは、「人々がテクノロジーを使ってどのように自分を見せたいのか」という深層心理だった。iPhoneは、ガジェットとして以上に、「最新のiPhoneを持つ自分」というイメージを通じて優越感を得られる「マウントツール」として機能している。そして、この感覚こそが、消費者が毎年のように新モデルを求め続ける最大の理由である。

技術の進化だけでは消費者の心を摑むことはできない。真のイノベーションとは、「人々が本当に求めているものは何か」を再定義し、その欲求を満たすことにある。つまり、イノベーションとは「技術の革新」ではなく、「欲求の革新」なのである。

この視点から日本企業を見てみると、多くの企業がいまだに「イノベーション＝テクノロジーの活用」という狭い枠組みに縛られているように見える。この思考から脱却しない限り、日本からＧＡＦＡＭのような世界的企業が生まれる見込みはないだろう。プロダクトの性能向上に注力するだけでは、もはや市場で成功を収めることはできない。現代の消費者が心の奥底で求めているのは、「これを所有することで自分が他者と違う存在だと示せるかどうか」であるからだ。

ここで重要なのが、「プロダクトマーケットフィット（市場との適合）」のさらなる先のステップである「プロダクトマウンティングフィット（優越感の適合）」という新たな視点である。市場に受け入れられるだけでは不十分であり、「これを持つことで自分が他者よりも優れている」と感じさせる製品こそが、消費者に真の意味での満足感を提供する。

では、日本企業はどうすべきか。まず、「当たり前」を疑うことだ。その上で、マウント起点でイノベーションの再構築を試みる。「なぜ消費者はその製品を欲しがるのか？」という根源的な問いに向き合い、製品の価値を再定義する。「技術的に優れているから売れる」という過去の神話を手放さなければならない。これからの勝利は「技術の革新」ではなく「欲求の革新」を追求する企業にこそ訪れる。

日本企業が再び世界市場で輝きを放つためには、技術の高さに胡座《あぐら》をかくのではなく、その技術を通じて消費者の心の奥深くに響く「感情的な体験」を提供することだ。技術の価値を「性能」にとどめず、「これを所有することで得られる特別感」に変換すること――それこそが「マウント赤字」から脱却し、日本企業がグローバル市場でリーダーシップを取り戻すための数少ない道であろう。

日本はテクノロジー発のイノベーションで米中に大きく水をあけられたが、マウンティングを起点としたイノベーションで巻き返しを図る可能性を秘めている

ここ十数年、日本はテクノロジー分野で米中に大きく差をつけられ、その背中を追う形となっている。かつて「技術立国」として世界をリードしていた日本だが、次世代テクノ

ロジーの分野では、米中の圧倒的な存在感の前に影を薄めつつある。「技術革新のスピード競争では、日本はもはや勝てない」――この厳しい現実を直視しなければならない。しかし、それは敗北を意味しない。むしろ、日本には別の土俵で勝負できる可能性がある。それが「マウンティング」を起点としたイノベーション」である。

日本人に特有であるとされている「世間体を気にする性質」はネガティブに捉えられがちだが、実はこれこそが日本の隠れた武器だ。この国で育まれた独自のハイコンテクストなマウント文化は、他国にはない消費行動を生み出している。日本人は「他者との差」に非常に敏感であり、それが購買意欲に直結している。この特性を活かせば、単なる技術力だけでは生み出せない新しい価値を創出することができる。

これまでは「高品質なものをつくれば売れる」という信念のもと、性能や機能の向上に全力を注いできた。しかし、現代の市場ではそれだけでは戦えないのは明白だ。繰り返すが、消費者が求めているのは、「優れた技術」そのものではなく、「これを持つことで他者よりも優れている」と感じられる体験――すなわち「マウント体験」である。

ここに日本企業が巻き返すための鍵がある。「日本的なマウント体験」をデザインし、それをグローバル市場に輸出する戦略が必要だ。日本の豊かな文化や美意識を活用し、伝統を現代の価値観に結びつけることで、市場を新規開拓できる余地は十分にある。たとえば、すでに和食器や日本酒は、海外の富裕層の間で「所有すること自体がステータス」として認識され始めている。美しい陶器や希少な純米大吟醸《じゅんまいだいぎんじょう》は、趣味以上の意味を持ち、自己表現の手段となっている。この成功例をさらに発展させるには、茶道具、着物、伝統工芸品といったアイテムに現代的な価値を加え、「持つことの特別感」を提供することが重要だ。伝統技法を活かしつつモダンなデザインを取り入れた商品を開発し、これを世界に届けることが求められる。

こうした取り組みを牽引しているのが、世界的な経済誌『Ｆｏｒｂｅｓ』の日本版であるＦｏｒｂｅｓ ＪＡＰＡＮが注目する「ＣＵＬＴＵＲＥ－ＰＲＥＮＥＵＲＳ 30 ２０２４」に選ばれた新世代の起業家たちである。彼ら／彼女らは、文化と産業を結びつけ、伝統を未来のビジネスとして再定義する「カルチャープレナー（＝文化起業家）」だ。この今までにない社会記号は、文化と経済を結びつけ、斬新なムーブメントを生み出している。Ｆｏｒｂｅｓ ＪＡＰＡＮは、その卓越したコンセプトメイキング力で、こうした潮流をいち早く捉え、次なるトレンドを生み出し続けている。我が国のイノベーションを推進する重要な存在として、これからも日本の未来を担う起業家たちを力強く支えていくだろう。

「IT後進国」と揶揄《やゆ》されることの多い日本だが、実は「マウント先進国」としての潜在力を秘めている。国内市場の縮小を嘆くのではなく、消費者の「マウント欲求」に応える製品やサービスを国内で磨き上げ、それを成功モデルとして海外に展開すべきである。

日本がこれから勝負すべきは、単なる「技術革新」ではない。日本独自の文化的背景と「マウント欲求」を融合させたビジネスモデルを創り出すことこそ、日本経済の未来をリードする。技術の追い上げに固執《こしつ》するのではなく、「欲求の革新」を軸に据えることで、日本は世界市場で再び輝きを取り戻すだろう。

「マウント消費」を国家戦略として位置づけ、日本をその中心地へ押し上げることは、これからの成長戦略にとって必要不可欠である

日本経済の復活に向けた成長戦略の中心に据えるべきは、「マウント消費」の活性化である。少子化や人口減少が進行する中、従来の経済モデルはすでに限界を迎えつつある。こうした状況下で重要なのは、新たな消費行動を創出し、それを経済再生の原動力とすることである。この取り組みによって、社会全体の活力を取り戻すと同時に、日本は国際的な競争力を再び確立することができる。

かつて日本は「ジャパン・アズ・ナンバーワン」の時代を誇り、世界第2位のGDPを維持し、高度経済成長を達成した。しかし、時代の流れは変わり、2023年にはドイツ

に抜かれ、2025年にはインドに追い越される見通しである。さらに、ゴールドマン・サックスの2022年12月の報告によれば、2075年には日本の順位が世界第12位にまで転落すると予測されている。このままでは、日本は「その他大勢」として、かつての国際的な影響力を失う恐れがある。

こうした現実を踏まえると、既存の産業を守り、従来の枠組みの中で競争を続けるだけでは経済の復活は望めない。必要なのは、次なる成長の柱を発見し、それを大胆に推進することだ。その実現に向けた最も有効な手段が、「マウント消費」の活性化なのである。

改めて、「マウント消費」とは、単なる物理的な所有を超え、消費者が他者との差別化を図り、特別な価値を感じる消費行動を指す。これは、現代の経済成長において欠かせない役割を果たしている。従来の経済モデルでは、限られた需要の中でパイを取り合うことに重きを置き、その結果、ゼロサムゲーム的な状況が生まれてきた。しかし、現代に求められているのは新しい需要の創出である。経済を持続的に成長させるためには、分配に主眼を置くのではなく、社会全体の豊かさを最大化できるような新たな付加価値を生み出すことが必要不可欠だ。「マウント消費」は、この付加価値を創出する中核となるのである。

「マウント消費」の活性化により経済が成長すれば、その成果を社会保障や公共福祉に還元できる。それは国全体の発展を推進する強力なエンジンとなる。消費者が他者との差異を実感し、自分の価値を再確認できる環境が整えば、消費活動がさらに活発化し、経済の成長を加速させるだろう。

企業が提供する商品やサービスは、消費財としてだけではなく、消費者が「特別な自分」を演出するためのツールとして機能する。それによって、自己表現欲求が満たされることで、経済に活力が生まれる。これが社会全体に広がれば、日本の経済はよりダイナミックな成長を遂げるだろう。

こうした取り組みを国家戦略として位置づけ、日本が「マウント消費」の中心地となることは、今後の成長戦略において極めて肝要である。日本が「マウント消費」のハブとして循環型の経済圏を形成すれば、国内外の需要が活性化し、他国との差別化を図った独自の経済圏が生まれる。それが、日本経済の再生と競争力の向上に直結し、さらには国際的な影響力を取り戻すための鍵となる。

「マウント消費」を推進するためには、民間企業と政府が連携し、新たな需要を生み出す仕組みを構築する必要がある。この取り組みによって、消費者の自己認識がアップデートされ、社会全体の経済的な豊かさが向上し、結果として国力の強化につながる。その枠組みを築き上げることこそが、日本経済再興にとって最優先課題である。

無限の経済成長を前提とする資本主義を維持するために、「マウント消費」が重要な鍵を握る

資本主義は無限の経済成長を前提とする仕組みである。新たな価値を創出し、需要を掘り起こし続けなければ、そのシステムは維持できない。しかし、この成長には代償が伴う。環境破壊、社会的不平等、限られた資源の浪費――これらの問題は、資本主義の拡大と切り離すことはできない。それでも成り立っているのは、人間の「満たされることのない心」

によるところが大きい。

人間は常に何かを求め続ける性質を持っている。飽くなき欲望が資本主義を駆動する原動力となっているが、「マウント消費」はその隠れたエンジンである。他者と比較し、優越感を得たいという欲求は、人間の根源的な衝動だ。最新のスマートフォンやエコカーを手に入れることで「他よりも先を行く自分」を演出し、満足感を得る。

これを資本主義は巧みに利用し、経済を動かし続けている。さらに興味深いのは、「マウント消費」には限界効用逓減《げんかいこうようていげん》の法則が働かない点である。最新モデルを手に入れると、次は「さらに良いもの」が欲しくなる。この永遠に満たされない欲望こそが、資本主義を絶え間なく加速させる推進力となっているのだ。

一方で、「マウント消費」には批判も多い。大量消費が環境破壊を助長し、格差を広げ、倫理的な問題を引き起こしているのは周知の事実だ。そのような中で、近年注目を集めているのが「エシカル（倫理的な）消費」である。

環境に優しく、社会に配慮した選択を通じて、消費者が誇りを持てる新しい形の消費だ。興味深いのは、このエシカル消費もまた「マウント欲求」によって支えられている点である。環境に優しい行動を取ることが、「意識の高い自分」を演出する手段として機能しているのだ。

持続可能な社会の実現は、実のところ「マウント欲求」にかかっている。資本主義を壊すのも救うのも、この欲求の向かう先次第である。「マウント消費」が環境破壊を助長してきた一方で、同じ仕組みが脱炭素化や持続可能性の推進にも活用できる。人々が「環境に配慮する自分」を誇る行動を競い、それが広がれば、新しい成長の形が生まれる可能性は十分にある。「マウント消費」の特性である限界効用を超えて機能する力を、エシカル消費や脱炭素化といった取り組みに活用することが必要であろう。

資本主義の未来を左右するのは、「満たされない心」がどこに向かうかである。「より良い未来を選ぶ自分」を誇れる社会を築くことができれば、「マウント消費」は問題ではなく、解決策として機能するだろう。

皮肉にも、資本主義を救うのも壊すのも、その鍵は同じ場所にある。資本主義の未来は、「マウント消費」が握っているのだ。

あとがき

本書を最後までお読みいただき、心より感謝申し上げる。今回取り上げた「マウンティングエクスペリエンス（ＭＸ）」は、経済やビジネスの分野における極めて重要な概念である。それは技術的な要素にとどまらず、人間の深層心理や社会的文脈を的確に読み解き、創造的に活用する力そのものである。この視点を活かすことができれば、日本経済はさらなる飛躍を遂げ、ＧＤＰで米中に肩を並べる日が訪れることは間違いない。この可能性については、賢明なる読者の皆様であれば、すでにお気づきのことであろう。

このＭＸの可能性をさらに広げるため、筆者が提唱する未来像の一つが「生成ＡＩを活用した1億総クリエイター国家」というビジョンである。ＡＩの進化により、単純労働や反復的な作業は次々とＡＩに置き換えられ、人間の役割は大きく変化している。この新たな時代に求められるのは、「人間らしさ」を最大限に発揮するクリエイターとしての力である。そして、その潜在能力を引き出し、具体的な成果へとつなげる鍵となる技術が、このＭＸなのである。

意外と知られていないが、超一流のクリエイターたちが持つ真の才能は、単なる創作技術だけではない。彼ら／彼女らはＭＸを巧みに設計し、「この作品を選ぶ自分は特別だ」と感じさせる体験を緻密にデザインする能力に長けている。このスキルこそが、作品を単なる消費物から「自分を語るためのツール」へと昇華させる原動力であり、ファンの心を深く摑むための最大の武器となっているのである。

ＡＩの進化が加速する中で、ＭＸの重要性はますます高まっている。確かに、ＡＩが「行間を読む力」や「文脈を作り出す力」を模倣する日が近い将来やって来るかもしれない。しかし、それでも人間だけが持つ共感や直感、曖昧さを楽しむ感性は、データ処理だけでは捉えきれない価値を持つ。これこそが人間らしさの本質であり、ＭＸを軸にしたクリエイティブな価値創造が、ＡＩ時代においても経済や社会を動かす原動力として輝き続ける理由である。

本書では、「マウント消費」という概念が日本を再び世界の経済大国へと押し上げる可能性について探ってきた。生成ＡＩの普及により、単純作業から解放される時代が到来する中、人間にはこれまで以上に高度でクリエイティブな役割が求められるようになる。そのような新時代において、ＭＸの視点を取り入れることは、個人にとっても国家にとっても成功を左右する重要な要素の一つとなるだろう。

ただし、本書で触れることができなかった論点もまだいくつか残されている。たとえば、ＭＸを個々のクリエイターがどのように活用し、自己表現や価値創造に結びつけていくべきかという課題である。これについては、この「あとがき」にてさらに掘り下げ、もう少し深く考察してみたい。創造性を軸にした未来の可能性を探るための第一歩として、読者の皆様と共に、この議論をもう少しだけ進めていければ幸いである。

超一流のクリエイターは「世界観でマウントさせてあげる」
～サカナクションがもたらす優越感の正体～

超一流のクリエイターは、ただ優れた作品を生み出すだけでは終わらない。彼ら／彼女らの真の凄みは、受け手に対して「自分は特別だ」と思わせる体験を巧みにデザインする力にある。それはまさに、「世界観を通じてマウントを取らせる技術」とでも呼ぶべきものだ。この技術を極限まで磨き上げ、見事に体現しているのがサカナクションである。

まず挙げたいのは、彼らの代表曲『新宝島』だ。一度聴けば誰もが覚えるキャッチーなメロディ、軽快に弾むリズム、そして視覚的な遊び心が詰まったミュージックビデオ。その明るく楽しい表層に魅了されるうちは、まだ「入り口」に立ったに過ぎない。耳を澄ませば、緻密に計算された音の重なりや絶妙な間、言葉遊びのような歌詞が顔をのぞかせる。「大衆的」でありながら、どこか引っかかる「良い違和感」。その違和感がリスナーの感覚をじわじわと侵食していく。気づけば、ただのヒット曲だと思っていたものが、「これは何か特別なのでは？」という深い問いに変わる。ここからが、サカナクションの本当の仕掛けの始まりである。

次に紹介したいのが、『ミュージック』という一曲だ。この曲は、サカナクションというバンドの本質を凝縮したような作品である。タイトルはこれ以上ないほどシンプルだ。しかし、その簡潔さとは裏腹に、楽曲の中身は驚くほど多層的で、一筋縄ではいかない。まるで「音楽とは何か？」という根源的な問いを音で描き出そうとしているかのようだ。

まず耳に残るのは、無機質に打ち込まれるビートだ。機械的で冷徹なそのリズムは、まるでデジタル音が淡々と並べられたように聴こえる。一方で、その冷たさに寄り添うように、人間の手の温もりを感じさせるメロディが重なっていく。単純な音の断片が一つ、また一つと組み合わさり、楽曲はまるで生き物のように息づき始める。

デジタルとアナログ、冷たさと温かさ、全く異なる質感が交錯し、そこに生まれる「良い違和感」こそが、サカナクションの音楽の真骨頂である。その違和感は、リスナーに静かに問いかける。「音楽とは何か」「自分にとって音楽とはどういう存在か」。表面的にはシンプルでありながら、その奥には深いテーマを隠し持つこの楽曲は、聴く者をただのリスナーではなく、音楽の探求者へと引き込んでいく。

さらに奥へと進むと、サカナクションの本質に触れる一曲『ユリイカ』にたどり着く。この曲は彼らの楽曲の中でも特に内省的で、淡々と刻まれるリズムが独特の浮遊感を生み、重なる音の層が水中を漂う光のように揺らめく。その穏やかな音の流れの中、不意に突き刺さるのが、次の歌詞である。

「なぜかドクダミと　それを刈る母の背中を思い出した　ここは東京　蔦が這うようにびっしり人が住む街」

この一節は、単なるノスタルジーでは終わらない。地下茎を横へ横へと伸ばし、分岐しながら繁茂するドクダミ。その性質が、東京という都市の息苦しいまでの密集した様相と見事に重なり合う。懐かしさと現実のコントラストが、まるで心に走る亀裂のように聴く者の胸に違和感を残す。

郷愁、孤独、喪失感——これらの感情が歌詞の端々に滲《にじ》み出ている。しかし、不思議とそこにあるのは絶望ではない。むしろ、かすかな救いが感じられる。静かな音の流れの中で、心の奥底に沈んでいたものがゆっくりと浮かび上がり、いつの間にかリスナー自身の記憶と結びついていく。「なぜか」と前置きされたあの風景は、聴く者それぞれの過去と自然に重なり合い、深い共感を呼び起こす。

サカナクションの音楽には、大衆に迎合しない強さがある。メジャーなフィールドに立ちながらも、その音楽は常に「マジョリティの中のマイノリティ」であり続ける。誰にでも開かれているようでいて、その奥には「選ばれた者だけがたどり着ける領域」が隠されている。これこそが、サカナクションが生み出す「良い違和感」の正体である。

アナログとデジタル、シンプルさと複雑さ、楽しさと孤独を融合させることで、彼ら/彼女らは新しい感情を発明し続けている。こうした「良い違和感」を追い求める姿勢が、サカナクションを音楽シーンの先頭に立たせている。彼ら/彼女らは単に音楽を作るのではなく、「世界観」をデザインしているのだ。それは、ただ聴くだけでは終わらない「体験」を生み出すための仕掛けである。リスナーはその体験を通じて、「この音楽を理解している自分は特別だ」と感じる。この感覚こそが、サカナクションの音楽をより一層魅力的なものにしているのである。

椎名林檎の圧倒的な成功は、「その世界観を理解できている特別な自分」という体験設計にある

椎名林檎の音楽をひと言で表すなら「唯一無二」。だが、それを「個性的」や「独創的」といったありきたりな言葉で片付けるのは無理がある。彼女が生み出す音楽は、レトロな懐かしさとモダンな斬新さ、日本の伝統的情緒と未来的感性が絶妙に絡み合いながら調和する、異次元の芸術作品である。その世界観は、「音楽」というジャンルを超え、聴く者を異なる惑星へと引き込むような強烈な吸引力を持つ。そして、その魅力はただの聴覚的

快楽では終わらない。「理解する」という行為そのものをリスナーにとって知的で特異な体験に変える巧妙な仕掛けが施されている。

椎名林檎の楽曲は、その完成度の高さだけで語るにはもったいないほど緻密で繊細である。遊び心に満ちたメロディとリズム、そして心地よくも鋭く響く言葉——そのすべてが職人芸の域に達している。他の追随を許さない圧倒的なクオリティが、彼女の楽曲の随所に宿っている。特に注目すべきは、歌詞にちりばめられた比喩や言い回しの秀逸さだ。妖《よう》艶《えん》さと挑発的な攻撃性が絶妙に同居し、その切れ味はリスナーを惹きつけながらも、どこか危うい緊張感を漂わせる。その存在感は、「音楽界の峰不二子」とでも言うべき、華やかで得体の知れないカリスマ性に満ちている。

椎名林檎の音楽は、聴く者に「ただ聴くだけ」で終わらない体験を提供する。その体験は、知的な挑戦であり、感性を揺さぶる旅でもある。彼女が唯一無二とされる理由は、この音楽的な「異次元体験」を創り上げる力にこそある。その歌詞は、一度読んだだけではその全貌を掴みきれない。曖昧で複雑な言葉が幾重にも重なり、その解釈を巡る過程自体がリスナーの知性や感性を刺激する。そして、繰り返し聴き、考え続けるうちに、「この難解な世界を理解できる自分は特別だ」と感じるようになる。そうした巧妙な構造が、彼女の音楽を「自己価値を高める体験」へと鮮やかに押し上げている。

椎名林檎の音楽には一貫して「対比の美学」が流れている。和と洋、明と暗、妖艶さとあどけなさ、柔と剛。一見すると相反する要素を、絶妙なバランスで組み合わせ、他にはない世界観を創り上げている。たとえば、彼女の歌声一つを取ってみても、女性的な艶やかさが漂う一方で、鋭利な刃物のような力強さや冷たさも同時に感じさせる。それはまさに「武装した妖艶さ」とでも呼ぶべき魅力だ。

興味深いのは、ファンが彼女の音楽を語るときの言葉だ。「音楽が好き」では物足りない。「彼女の世界観を理解している」と、あえて〝自分〟を主語にして表現する。それは滑稽《こっけい》なことではない。むしろ彼女の楽曲が持つ圧倒的な奥行きと洗練が、リスナーの感性や知性を映し出す「鏡」として機能している証拠でもある。「理解することそれ自体が価値を持つ」という特性こそが、彼女の音楽を他にはない存在へと引き上げる要因なのである。

特に印象的なのは、彼女の音楽が「わかりやすさ」とは無縁である点だ。簡単に手に入る快楽や共感に迎合するのではなく、あえて「難解さ」や「曖昧さ」を残すことで、リスナーに「理解したい」と思わせる磁力を放つ。一度聴いただけでは全貌が摑めず、何度も繰り返し聴く中で、断片的な意味や感覚が浮かび上がる。そして、その断片を自分の中でつなぎ合わせる過程こそが、椎名林檎の音楽を聴く醍醐味《だいごみ》であり、「自分の中に椎名林檎の世界を築く」という特別な体験を生むのである。

この「特別な体験」こそが、椎名林檎の音楽が持つ最大の強みだ。彼女の楽曲は音楽の枠を超え、リスナーに対して「自分自身の感性を試す場」を提供する。そして、その過程でリスナーは「椎名林檎の世界観を理解する自分」というアイデンティティを手に入れることができる。つまり、彼女の音楽は聴く者に自己肯定感を与え、「自分は特別だ」と感じさせる設計が施されているのだ。

村上隆の世界的成功は「欧州貴族にマウントさせてあげる」が9割

〜日本独自の「文化的優越感」を超富裕層に提供せよ〜

村上隆のアートは、一見するとポップで親しみやすい。しかし、その明るい表層の奥には、敗戦国・日本が抱える歴史的な悲哀や消費社会の空虚さといった重厚なテーマが潜んでいる。この二重構造こそが、村上を独自の存在たらしめ、世界中から注目され続ける最大の理由である。

たとえば、「お花」のシリーズは、無邪気な笑顔を振りまきながら、その背景には西洋的な消費社会の論理によって〝商品〟として扱われ、再解釈される日本文化の姿が浮かび上がる。日本独自の美意識や伝統は、村上の手によってまるで巧妙なトリックアートのように表現され、その意味を解き明かそうとする者に対して「特権的な理解者」という感覚を与える。これこそが、村上のアートが持つＭＸの真髄だ。

欧米の超富裕層やコレクターが彼の作品に飛びつくのも、その背後にある「文化的な文脈」を読み解ける自分を証明するための手段として機能するからである。言い換えれば、村上の作品は美術品であるだけでなく、所有者に対して「知性」と「教養」をまとわせるための強力な装置なのだ。

欧米の社交界やアートマーケットにおいて、アートの価値は投資としての側面を超えたものとなる。それは「教養の深さ」と「文化的地位」を示すための手段であり、「村上隆の作品を所有している」という事実は、それだけで一種の競争に勝ち抜いた証となる。たとえば、ある富裕層が「村上隆の作品を買った」と語るということは、「この複雑で重層的な文脈を理解する自分は、他者とは違う」という文化的優越感をさりげなく誇示するための行為であり、それが彼ら／彼女らの社交界におけるステータスを確固たるものにするのである。

村上隆の戦略は、この「ステータスとしてのアート」を理解し尽くした上で構築されている。彼の作品は、見る者や所有する者に「知的な挑戦」を与える。表面的な親しみやすさに安心した瞬間、その奥に潜む複雑なテーマや皮肉に気づかされ、観る者の心を揺さぶるのだ。

「消費される日本文化」「資本主義の虚構」「日本が抱える歴史的トラウマ」——こうしたテーマをポップなデザインや親しみやすいビジュアルに包み込み、わかりやすさとわかりにくさを同居させる。だからこそ、村上の作品はただの美術品ではなく、「問いかけるアート」としての価値を持つ。

興味深いのは、村上がそうした「日本文化の文脈」を、西洋の価値観に安易に迎合することなく逆手に取っている点だ。

彼は、消費社会やポップカルチャーといった西洋的な視点を利用し、日本特有の美意識や価値観を新たな文脈に組み替えている。それはまるで、日本文化の「逆輸入」のようでもあり、西洋のアートマーケットが求める「エキゾチックな異文化」への期待と知的好奇心を彼自身が自在に操っているかのようである。

村上の作品を所有するという行為は、そうした文脈を理解する者だけが享受できる「文化的特権」を手に入れるためのプロセスでもある。そして、その特権は彼の作品が持つ独特で緻密なナラティブ（物語）によって支えられている。彼のアートは、歴史や社会背景、そして現代の消費文化といった多層的な文脈を読み解くことによって初めて全貌が見えてくる。だからこそ彼の作品に触れる者は、自分が「この奥行きを理解している」と感じる瞬間に特別な満足感を見出すのだ。

それらの作品が提供するのは、知的挑発と発見の喜びである。「一見するとポップで親しみやすいアート」に見えながら、そこには簡単には摑み切れない奥深さが隠されている。表面的な明るさの中にある暗さ、無邪気さの裏に漂う批評性——それらを見つけたとき、「自分はこの作品の真意に気づけた」という優越感が生まれる。そして、彼の作品が投げかける「この奥行きをどこまで理解できる？」という問いは、観る者自身の知性や感性を映す鏡のように機能するのである。

こうして村上隆のアートは、ただの美術品にとどまらず、所有者の文化的アイデンティティを高め、観る者の自己認識を揺さぶるための装置となる。それは、表層的な美しさと奥深いテーマを巧みに織り交ぜた戦略の賜物であり、彼が現代アート市場で唯一無二の存在として君臨し続けている理由でもあるのだ。

ベストセラーの鍵は「タイトルが生む自己肯定感」にある
～『なぜ働いていると本が読めなくなるのか』(三宅香帆著)はなぜ売れ続けるのか～

本が爆発的に売れ、ベストセラーとなる理由は、その内容の質だけではない。むしろ、鍵となるのは「タイトルの力」だ。タイトルには、読者に「自分は教養がある」「未来を見据えている」という自己イメージを満たさせる力が宿っている。本を選び手に取る行為そのものが、自己表現の一環として機能するのだ。この巧妙な仕掛けを完璧に体現したのが、文芸評論家・三宅香帆氏の『なぜ働いていると本が読めなくなるのか』(集英社新書)である。

このタイトルは、「本を読みたいのに読めない」という現代人の切実な悩みを端的に代弁しているだけではない。「自分が読書できないのは忙しさという外的要因のせいだ」という安心感を与え、読者をそっと肯定する役割を果たしている。また、「読書を価値ある行為と認識している自分は、他者よりも優れている」という特別感を喚起する力も秘めている。この二重の心理効果が、本書を手に取らせる強力な動機となっている。

さらに、このタイトルには一種の「自己防衛装置」としての役割もある。「働いているから本が読めない」という前提があるため、読者は「本当に読書家と言えるのか？」という問いを免れることができる。むしろ、「環境に阻まれながらも読書を大切にしようとしている自分」というポジティブなストーリーを再確認させる場として機能する。この巧みな構造こそが、本書の成功を支えているのだ。

類似の例は他にも挙げられる。たとえば、『ファクトフルネス』（日経BP刊）は、「冷静にデータで世界を捉える賢明な自分」というアイデンティティを提供する。読む行為そのものが「合理的で聡明な自分」を演出する手段として機能するのだ。また、『サピエンス全史』（河出書房新社）や続編の『ホモ・デウス』（河出書房新社）は、「膨大な情報を理解し吸収できる知的で未来志向の自分」を実感させるタイトル設計で、多くの読者の心を掴んだ。これらの作品が共通しているのは、読書を通じて「自己価値を高める体験」を提供する仕掛けが見事に組み込まれている点である。

『なぜ働いていると本が読めなくなるのか』の成功も、このMXを提供する力にある。「忙しくて本を読む時間が取れない」という多くの現代人が抱える感覚を拾い上げ、それを「教養のある自分」という物語へと鮮やかに転換している。タイトルに込められたこの絶妙な心理設計が、多くの人々の共感を呼び、幅広く支持される理由である。

出版不況が続く中で、タイトルの重要性はますます高まっている。もはやタイトルは単なる「本の顔」ではなくなった。それは、読者にとって自己表現のツールであり、社会的ステータスを示すための装置として進化している。本を選ぶ行為そのものが、情報収集を超えて「自分を語る」ための手段となっているのだ。

次回作として、三宅香帆氏には『タイトルでマウントさせてあげる技術』を期待したい。タイトルが読者に与える心理的効果や文化的影響を深掘りする試みは、多くの人々の関心を引き、間違いなく新たなベストセラーとなるだろう。

タイトルは、書籍を文化的アイコンへと押し上げ、さらには読者自身のアイデンティティ形成にも寄与する力を持つ。この力をいかに活用するかが、次世代のベストセラーを生み出す鍵となるに違いない。タイトルとはただの言葉ではなく、時代を象徴し、読者の心を動かし、自分を語る一端を担う。『なぜ働いていると本が読めなくなるのか』は、その絶妙なタイトル設計によって、それを見事に証明しているのである。

AI時代のクリエイティブの鍵を握るのは「MX」
～人間に備わる「愚かさ」の理解が最強の武器になる～

人類の歴史はマウントの歴史である。どれほど社会が進化しても、人間は「他者より優位に立ちたい」「特別だと思われたい」という欲望から逃れられない。原始時代における肉体的な強さの誇示から、現代における知識や文化、趣味・嗜好の競争まで、その形は時代とともに変わり続けてきた。しかし、その根本的な本質は一切変わらない。私たちは他者と比較し、差異を見出し、それを「価値」に変えることで自分を確立しようとする生き物なのである。

テクノロジーの進化は、人間を救うどころか、その「愚かさ」と「あさましさ」をより一層際立たせている。スマホがなければ道を辿ることもできず、SNSの「いいね」に振り回され、AIの指示がなければ思考すら止まる。便利さと引き換えに、私たちはどんどん脆弱で残念で、どうしようもない存在になっている。だが、皮肉なことに、この「どうしようもなさ」こそが、AI時代におけるクリエイティブの鍵となる最大の武器となるのである。

人間の愚かさが生み出す「マウント欲求」こそが、あらゆる消費行動の根源である。誰もが他者と比較し、「自分は選ばれた存在だ」と感じたいのだ。この心理は、大衆の「見栄消費」であれ、貴族の「文化的消費」であれ、根底にあるものは変わらない。ヴィンテージワインを語る欧州の貴族も、スタバの新作フラペチーノをインスタグラムに投稿する大学生も、結局のところ、「この価値を理解できる自分は特別だ」という自己認識を強く求めているのである。

この仕組みを巧みに活用するのが、ＭＸである。作品に「自分だけが理解できる特別な深み」を仕込み、そこに意味や物語性を織り込むことで、消費者に対して「これを選ぶ自分は他者とは違う」と感じさせるのだ。

鍵となるのは、表面的な魅力ではなく、その背後に潜む「ナラティブ」をいかに緻密に設計するかという点である。

ＡＩが進化し、誰もが簡単にコンテンツを生み出せる「1億総クリエイター時代」が目前に迫っている。この新時代に求められるのは、「人間心理を深く理解し、マウント欲求を巧みに捉える力」である。技術の完成度や効率性はＡＩに委ねればいい。人間が担うべき役割は、矛盾に満ち、時に愚かな人間心理を刺激し、作品やサービスにＭＸを練り込むことなのだ。

この視点を持てば、ＡＩ時代における日本の戦略も明確になる。ソフトウェアやハードウェアで米中に追いつこうとするのではなく、「文化的優越感」を輸出する方向へシフトすべきである。

アニメやゲーム、食文化、伝統芸能――これらは単なるコンテンツではなく、「理解することで特別になれる体験」を提供する強力なＭＸ装置だ。ジブリ映画を愛する人々や寿司職人の技に魅了される外国人が、「日本文化を理解している自分」に誇りを感じるように、日本の本当の強みは文化そのものに巧妙にＭＸを組み込む点にある。

ビジネスの本質は人間を理解することにあり、その核心にあるのが「マウント欲求」の洞察である。人間は愚かで、矛盾に満ち、どうしようもない存在だ。しかし、この愚かさこそが消費を生み、文化を進化させ、経済を動かしてきた。「自分は他者より優れている」と感じることこそが人間の最大の原動力なのである。

ＡＩはまだ「人間のどうしようもなさ」を完全に読み解くことができない。だからこそ、私たちにはＭＸを設計し、人間心理に寄り添ったクリエイティブな成果物を生み出す役割が残されている。この視点を持つことで、どれほどテクノロジーが進化しても、人間の価値は揺るがない。「マウントを理解し、愚かさをデザインする」――このスキルこそが、ＡＩ時代を生き抜くための最強の武器となるのである。

参考文献

マックス・ウェーバー『経済と社会』／泉田渡・柳沢幸治訳、文化書房博文社、２００４年

George A. Akerlof, "The Market for 'Lemons': Quality Uncertainty and the Market Mechanism," The Quarterly Journal of Economics, Vol.84, No.3, August 1970

ピエール・ブルデュー『ディスタンクシオン：社会的判断力批判』／石井洋二郎訳、藤原書店、１９９０年

フリードリヒ・Ａ・ハイエク『隷属への道』／西山千明訳、春秋社、１９９２年

アダム・スミス『道徳感情論』／高哲男訳、講談社、２０１３年

ソースタイン・ヴェブレン『有閑階級の理論』／村井章子訳、筑摩書房、２０１６年

ジャン・ボードリヤール『消費社会の神話と構造』／今村仁司・塚原史訳、紀伊國屋書店、２０１５年

ヴェルナー・ゾンバルト『恋愛と贅沢と資本主義』／金森誠也訳、講談社、２０００年

デイヴィッド・リースマン『孤独な群衆』／加藤秀俊訳、みすず書房、１９６４年

ジュリエット・B・ショア『浪費するアメリカ人』／森岡孝二監訳、岩波書店、2011年
ジョン・ケネス・ガルブレイス『ゆたかな社会』／鈴木哲太郎訳、岩波書店、2006年
カール・ポランニー『大転換』／野口建彦・栖原学訳、東洋経済新報社、2009年
ジョン・ロールズ『正義論』／川本隆史・福間聡・神島裕子訳、紀伊國屋書店、2010年
ロバート・ノージック『アナーキー・国家・ユートピア』／嶋津格訳、木鐸社、1994年
ダニエル・ベル『資本主義の文化的矛盾』／林雄二郎訳、講談社、1976年
マルクス・ガブリエル『なぜ世界は存在しないのか』／清水一浩訳、講談社、2018年
リチャード・セネット『不安な経済／漂流する個人』／森田典正訳、大月書店、2008年
ナオミ・クライン『ブランドなんか、いらない』／松島聖子訳、大月書店、2009年
ジョージ・リッツァ『マクドナルド化する社会』／正岡寛司訳、早稲田大学出版部、19

99年

勝木健太［かつき・けんた］

1986年生まれ。幼少期7年間をシンガポールで過ごす。京都大学工学部を卒業後、新卒で三菱UFJ銀行に入行。4年間の勤務後、PwCコンサルティングおよび監査法人トーマツを経て、経営コンサルタントとして独立。2019年6月に株式会社And Technologiesを創業。2021年12月に株式会社みらいワークス（東証グロース：6563）に会社売却（M&A）し、執行役員・リード獲得DX事業部 部長に就任。2年間の任期満了後、退任。執筆協力実績として『未来市場2019-2028』（日経BP社）『ブロックチェーン・レボリューション』（ダイヤモンド社）、企画・プロデュース実績として『人生が整うマウンティング大全』（技術評論社）がある。

編集：瀧口優貴

「マウント消費」の経済学

二〇二五年 二月四日 初版第一刷発行

著者 勝木健太
発行人 三井直也
発行所 株式会社小学館
〒一〇一－八〇〇一 東京都千代田区一ツ橋二ノ三ノ一
電話 編集：〇三－三二三〇－五九六一
販売：〇三－五二八一－三五五五
印刷・製本 中央精版印刷株式会社

© Kenta Katsuki 2025

Printed in Japan ISBN978-4-09-825485-9

造本には十分注意しておりますが、印刷、製本など製造上の不備がございましたら「制作局コールセンター」（フリーダイヤル ０一二〇－三三六－三四〇）にご連絡ください（電話受付は土・日・祝休日を除く九：三〇～一七：三〇）。本書の無断での複写（コピー）、上演、放送等の二次利用、翻案等は、著作権法上の例外を除き禁じられています。本書の電子データ化などの無断複製は著作権法上の例外を除き禁じられています。代行業者等の第三者による本書の電子的複製も認められておりません。

小学館新書
好評既刊ラインナップ

日本の新構想　生成AI時代を生き抜く6つの英智

磯田道史・島田雅彦・神保哲生・中島岳志・西川伸一・波頭亮 484

「農耕革命」「産業革命」に続く第3の革命「生成AI誕生」にどう向き合うかで、日本の未来は大きく変わる——。政治経済、歴史、生命科学など各界のスペシャリストが、この国の進むべき道を示す必読の一冊。

「マウント消費」の経済学

勝木健太 485

「これが私の価値だ」——人々は“優越感を得られる体験”にこそお金を払う。令和の日本では、この「マウント消費」を米大企業にハックされている！　従来の経済理論や学説では捉えきれなかった日本経済衰退の真因を明かす。

ルポ　「トランプ信者」潜入一年

横田増生 486

トランプ現象、日本上陸！　ユニクロ、アマゾンの潜入記者が単身渡米。トランプ陣営の選挙スタッフとなり内側から見た支持者たちの実態とは？　さらに兵庫県・斎藤知事の選挙に密着、日本版トランプ現象を目撃した。

日本語教師、外国人に日本語を学ぶ

北村浩子 487

流暢な日本語を話す外国人たちが歩んできた学習過程を掘り起こすと、「汚い言葉が少ない」「『い』『こ』『ふ』が難しい」など日本人が気づかない言葉の輪郭が鮮やかに。日本語を外側から見る面白さに満ちた言語論エッセイ。

新版 第4の波　AI・スマホ革命の本質

大前研一 483

生成AIの進化で世界と日本はどうなるのか。“AIに仕事を奪われる”時代＝「第4の波」の中での生き残り戦略を解説。常に新たな潮流を洞察してきた世界的経営コンサルタントが畏友トフラーに捧げる「予言の書」。

あぶない中国共産党

橋爪大三郎・峯村健司 482

毛沢東を凌ぐ“超一強”体制を築いた習近平は、中国をどこに導くのか。長年にわたり中国を内側と外側から観察・分析する社会学者とジャーナリストの対話から、中国共産党の本質とその内実、対中関係の今後に迫る。